LA FRANCE

À

MADAGASCAR

PAR

M. NEMOURS GODRÉ

Ouvrage orné de gravures.

PARIS

rue des Saints-Pères, 30

J. LEFORT, IMPRIMEUR, ÉDITEUR

A. TAFFIN-LEFORT, Successeur

rue Charles de Muyssart, 24

LILLE

LA FRANCE
A MADAGASCAR

Grand in-8° 3e série.

OUVRAGES DU MÊME AUTEUR

Les Inconséquences de John Bull. Un volume in-18. Haton, éditeur. . . . . . . 3 »

Les Cyniques. Un volume in-12. Savine, éditeur. 3 50

Daniel O'Connell : *sa vie, son œuvre.* Ouvrage couronné par l'Académie Française. Un volume in-12. Savine, éditeur. 3 50

— Un volume in-8° illustré. Chez Gautier. . . 6 »

La vie et la fin de Parnell. Un volume in-18. Lethielleux, éditeur. . . . . . 2 »

L'Ermite de Clamart, roman illustré de gravures. Mame et Cie, à Tours, éditeurs. Collection nouvelle. . . . . 3 »

En divers pays. Extraits des œuvres de Xavier Marmier, de l'Académie Française, avec préface et notes, par M. Nemours Godré.

Général DUCHESNE

LA FRANCE

A

MADAGASCAR

Par M. Nemours GODRÉ

Ouvrage orné de gravures.

PARIS
rue des Saints-Pères, 30
J. LEFORT, IMPRIMEUR, ÉDITEUR
A. TAFFIN-LEFORT, Successeur
rue Charles de Muyssart, 24
LILLE

AVANT-PROPOS

Une légende malgache dit que le voyageur qui a une fois goûté l'eau des beaux fleuves de Madagascar ne pourra plus les oublier et reviendra toujours sur leurs bords.

C'est la France qui aura été le voyageur de la légende.

Elle s'est assise pour la première fois au bord des fleuves de la Grande Ile en 1643. Puis, deux siècles et demi se sont écoulés. Et aujourd'hui, après de longues éclipses, après mille vicissitudes, après une foule de tentatives commencées et reprises sans suite, sans patience ou sans succès, elle s'est enfin décidée pour le grand effort. Son drapeau flotte maintenant à Tananarive. La *France Orientale* est définitivement nôtre par droit de sacrifices et par droit de conquête.

Mais avant de raconter cet heureux et glorieux dénouement où la constance, l'endurance et la valeur de nos soldats ont ajouté une belle page à nos annales militaires, nous voudrions peindre à grands traits ce pays étrange et superbe de Madagascar, et surtout, en résumant rapidement l'histoire de ses rapports avec la France, dire ce qu'il nous a coûté.

Lors du séjour à Paris du P. Roblet, au commencement de

l'année dernière, j'étais allé faire visite dans sa cellule au Missionnaire que de savants travaux ont rendu célèbre aujourd'hui dans l'Armée comme à l'Institut. Je l'avais trouvé en la compagnie d'un confrère en apostolat, d'un collaborateur à l'Observatoire de Tananarive, le P. Colin, qui, jeune encore, a mérité par ses observations et ses travaux l'attention et la reconnaissance du monde savant.

Le P. Colin venait de faire à l'École Normale une conférence, dont les journaux avaient beaucoup parlé, sur Madagascar. Sa santé, après quelques années de mission, avait été fort éprouvée ; elle avait même eu besoin du climat de France pour achever de se remettre. Quant au P. Roblet, qui avait passé près de trente-cinq ans sur la Grande Ile, il considérait la fièvre de Madagascar comme une quantité absolument négligeable et il en parlait avec un souverain mépris. C'est à peine si, à l'entendre, il avait eu là-bas deux ou trois petits accès, tout à fait insignifiants. Et quand on savait l'histoire de ses travaux là-bas ; quand on avait lu ou entendu le récit de quelques-unes de ses courses dans les grandes terres où par tous les temps et toutes les saisons, après ses leçons de catéchisme il se livrait à de longues et pénibles observations scientifiques, cela donnait une belle idée de la force de résistance de son tempérament de missionnaire et de savant.

Après avoir causé des derniers événements, du départ des missionnaires et de l'escorte du Résident, des chances et des périls de l'expédition dont tout le monde se préoccupait alors, nous parlâmes longuement de la mission.

Depuis 1850, la mission de la Grande Ile ensemencée jadis par le sang des fils de Saint-Vincent de Paul, est confiée aux PP. Jésuites de la Province de Toulouse, et ancien élève du Collège Sainte-Marie, de la « province, » je comptais parmi les missionnaires beaucoup d'amis. Le P. Roblet ne m'en parla pas seulement ; il me les montra. Car si aux cartes et aux plans qui encombraient sa cellule, on reconnaissait le savant, à la série de photographies qu'il retira de sa malle, je reconnus le photographe.

La collection du P. Roblet, sans être, je crois, absolument complète, était néanmoins considérable. Depuis 1850, date à laquelle la Propagande confia aux PP. Jésuites la Mission de Madagascar, jusqu'à l'année 1884, où le P. de la Vaissière publia avec l'histoire de la Mission une statistique qui contenait les noms des Missionnaires avec le chiffre de leurs années d'apostolat, la Compagnie de Jésus n'a pas fourni moins de 155 ouvriers à l'œuvre d'évangélisation de la Grande Ile.

La « Revue » que je passais avec le P. Roblet fut donc assez longue et j'y retrouvais en nombre des noms des visages gravés à jamais dans ma mémoire.

Quelques-uns parmi eux avaient été des camarades de collège, les autres avaient été mes maîtres. Tous me rappelaient ma jeunesse, ce temps des années heureuses où l'âme fait pour la vie sa provision d'amour et d'enthousiasme et dont le souvenir, aujourd'hui encore, après plus d'un quart de siècle, me rafraîchit le cœur comme une pure rosée d'août dans la montagne rafraîchit les côteaux desséchés par le brûlant été.

J'aurais voulu oublier la vieillesse de ces souvenirs que les portraits du P. Roblet ne l'auraient pas permis. Des figures que j'avais connues dans la fraîcheur de l'adolescence étaient devenues des visages d'hommes faits. Des barbes noires étaient devenues grises, des barbes grises étaient devenues blanches. Et souvent, trop souvent, après un portrait reconnu, un nom prononcé, il fallait ajouter comme pour l'appel du régiment au retour d'une chaude bataille « Mort au champ d'honneur ».

Car la bataille à Madagascar a été chaude. Et dans le régiment d'élite qui entre tous a glorieusement payé pour gagner la grande terre africaine à l'Eglise et à la France, la mort a pris en nombre de vaillants soldats. Mais qu'importe ! Ils avaient joyeusement offert leur vie. Et ils espéraient que sur la terre si souvent ingrate où ils s'endormaient de leur dernier sommeil, la France ferait un jour flotter son drapeau qui toujours, — et cela souvent en dépit des hommes, — a partout précédé ou suivi la Croix du roi Jésus: « *Gallia jubet hic Stare Crucem* » (1).

C'est à ces héroïques et doux pionniers de la France catholique que je désire dédier ces pages. Je mets sous la protection de leur souvenir cher et sacré, l'humble volume où l'on me demande de dire ce que la France peut attendre de la belle et vaste colonie que la valeur de nos troupes vient d'ajouter définitivement à son empire colonial.

Grâce à Dieu, la France n'a pas à rougir de cette conquête. Je sais qu'on peut faire du sentiment à propos d'expéditions coloniales quand on veut les considérer comme l'expropriation ou l'anéantissement d'un peuple faible par une nation plus forte. Si l'occupation de Madagascar avait ressemblé à ces belles affaires que parfois les compagnies brevetées de l'Angleterre ont montées à coups de mitrailleuses Maxim contre d'intéressantes peuplades de l'Afrique, et notamment contre les catholiques de l'Ouganda et les Boërs du Transvaal, elle ne devrait inspirer qu'un médiocre intérêt. Les Hovas forment une fraction seulement de la population de Madagascar. Ils avaient pu la dominer, lui donner l'esclavage et lui garder tous les maux d'un régime barbare et souvent cruel ; ils pouvaient la livrer un jour aux Méthodistes et à la colonisation anglaise. Ils n'auraient jamais pu la conduire d'eux-mêmes à la justice, à la liberté, à la civilisation. Pour l'avenir de la Grande Ile, pour le bien de ses nombreuses peuplades, la France avait le droit et même le devoir de prendre la tutelle du gouvernement hova. C'est à ce point de vue supérieur qu'il faut se placer pour juger notre action de la France à Madagascar. Nous ne faisons après tout que remplir le vœu touchant de l'infortuné roi Malgache Radama II en allant à Tananarive même assumer le protectorat et la direction de son pays. Si nous pouvions manquer

(1) La France ordonne qu'ici se dresse la croix.

à notre mission ce serait tant pis pour nous. Une mission de ce genre est digne d'une grande et généreuse nation. Et c'est nous qui serions devenus incapables ou indignes de l'accomplir.

Mais malgré tout, j'ai confiance dans l'avenir, à cause d'un passé qui fut si plein de gloire. Ce n'est pas sans cause apparemment que dans la Grande Ile où depuis tant d'années l'hérésie alliée à la barbarie a travaillé avec fureur, avec acharnement contre l'influence de la France, le Français soit l'étranger qui inspire le plus de sympathie à tous les indigènes.

Car il ne faut pas oublier qu'à Madagascar, même parmi les Hovas, la France compte des amis, des clients, qui attendaient sa venue. Les Missions catholiques ont jeté dans toute l'île de précieuses semences. Après « les trois jours » comme dit l'Ecriture « elles lèveront ».

Mais, il est temps d'arrêter ici cet avant-propos. Et pour le terminer on me pardonnera de placer un fait personnel presque sur Madagascar.

A mon cher Collège Sainte-Marie il y avait un fils de roi malgache. Fort dépaysé d'abord au milieu de nos jeux, de nos études et de nos querelles, il s'était fait assez vite à la vie de l'établissement. Plus âgé que nous tous, il ne suivait que ses classes de français. Il était d'humeur douce, d'ailleurs un peu nonchalant, fuyant avec soin les disputes. Avec cela on le savait fort comme un bœuf. Mon bonheur était de l'avoir pour traîner mon char. Car de mon temps, bien que M. Paschal Grousset n'eût pas encore inventé la Ligue de l'Éducation physique, nous pratiquions au Collège toutes sortes de jeux de force et d'agilité. Le jeu des chars était de ceux que j'appréciais le plus, surtout quand c'était mon tour d'être traîné. Et personne ne traînait un char comme Firinga. Il allait vite, d'une allure vertigineuse, mais régulière et aux pires tournants je ne bronchais pas. Je le vois encore à la fin de ces courses — car nous avions des courses de char — sa poitrine palpitante — essuyer la sueur qui coulait en grosses perles sur sa peau mordorée comme un beau bronze. Et il avait un si bon sourire.

J'ai peut-être là manqué l'occasion de ma fortune. Firinga avait de l'affection pour moi qui, demeurant près de la ville, venait pendant les grandes vacances lui faire visite au Collège qu'il ne quittait jamais. Quand il repartit pour Madagascar, il m'engagea à aller le voir là-bas, assurant que je ne le regretterais pas.

Ce n'est pas moi, c'est un de nos camarades qui a rendu visite à Firinga. Et j'ai su que le roitelet malgache, tout en restant fidèle à son affection pour les Français, était rentré dans les coutumes de ses ancêtres. Il avait renoncé au pantalon le malheureux, et aux faux-cols aussi, naturellement. Il avait d'ailleurs très bien accueilli l'ancien camarade du Collège, lui avait offert des bœufs, des terres et bien autre chose encore. Mais je ne sais plus très bien le dénouement de l'histoire.

Pour moi j'ai préféré la littérature et j'ai peut-être eu tort. Mais aujourd'hui qu'on est allé pour tout de bon sur la Grande Ile, je revois la bonne figure bronzée de Firinga. Et j'espère bien que s'il vit encore c'est en ami que le petit roi malgache sera venu à la rencontre de nos rudes *marsouins* et de nos pimpants *chasseurs* sous le drapeau tricolore.

LA FRANCE A MADAGASCAR

CHAPITRE PREMIER

Structure géographique de Madagascar. — Les trois zones. — Aspect général du pays. — Son étendue. — Le rêve de Colbert réalisé. — Le vieux sceau royal de la France orientale.

Quand on étudie une carte de Madagascar, ce qui frappe tout d'abord l'attention, c'est l'immense massif montagneux qui, composé de cinq chaînes parallèles, partage la grande île du nord au sud en deux versants d'inégale grandeur. Le versant oriental comprend un peu plus d'un quart du territoire de Madagascar. Les nombreux cours d'eau qui l'arrosent et parmi lesquels trois seulement peuvent porter le nom de fleuves, le Manangoro, le Mangoro, et le Mangataka se jettent tous dans la mer des Indes. Le versant occidental embrasse à peu près les trois quarts de l'île. Il est arrosé par quatre beaux fleuves, le Betsiboka, le Betsiriry, le Mangoky et l'Onilahy qui descendent vers le canal Mozambique et sont tous flottables jusqu'à deux ou trois jours de marche dans l'intérieur.

Il faut ajouter à ces grands fleuves une foule de rivières souvent larges et profondes surtout sur la côte ouest, et qui font de Madagascar un des pays les mieux arrosés du monde.

Ce système orographique, d'une rare simplicité, avait beaucoup frappé le P. de la Vaissière qui, après l'éminent M. Grandidier de l'Institut, est peut-être l'écrivain qui nous a donné les travaux les plus intéressants sur la grande île africaine. Aussi il comparait Madagascar « à un immense monstre marin allongeant sur les flots dans la direction du nord au sud, de manière à obliquer de 18 degrés environ sur la méridienne, son squelette décharné; la tête occuperait la partie septentrionale de l'île, les vertèbres et l'épine dorsale la portion du milieu, tandis que la queue s'épanouirait dans le sud en éventail. »

Cette structure géographique explique d'ailleurs dans une grande mesure les conditions climatériques, physiologiques politiques même de Madagascar. Elle permet, en effet, de partager le pays en trois zones. La première, celle des sommets est celle de la tribu dominante des Hovas ou

Imérinas, qui, campés sur le plateau central, ont installé là le siège de leur suprématie plus nominale d'ailleurs que réelle sur le reste du pays. C'est la zone la plus saine de l'île.

Le thermomètre y oscille assez régulièrement entre 25° et 5° degrés centigrades, ce qui constitue la température la plus agréable du monde. Et en effet si on peut y souffrir encore des accès de la fièvre contractée dans les marais ou les plaines du littoral et de la zone intermédiaire, on ne l'y prend que très rarement sous une forme dangereuse.

Le plateau central est cependant, à part quelques bouquets de bois oubliés dans la dévastation générale, assez dénudé. Soit pour se mettre à l'abri des surprises de l'ennemi, soit pour suivre leur méthode ordinaire de défrichement, les habitants ont dû raser leurs forêts par le feu. Et de là double inconvénient. Le sol y est alternativement grillé par le soleil ou lavé par les grandes pluies de l'hivernage. L'œil du voyageur qui arrive pour la première fois dans cette région, se porte tout d'abord sur des collines roussâtres et arides, sur des landes où rien ne pousse qu'une sorte de petit jonc, le bozaka dont les Malgaches se servent pour allumer leur feu. Et il se dit qu'il entre dans une région désolée. Il ne tarde pas cependant à revenir de cette impression. La vie végétale s'est réfugiée aux pieds des collines, dans les vallées où règne une merveilleuse

2

fertilité. D'ailleurs même dans les endroits les plus désolés en apparence, la terre n'est point rebelle au travail de l'homme. Des plantations de caféiers, de cacaoyers commencent à s'y élever. Autour de Tananarive, des jardins, des vergers où poussent en nombre des arbres d'Europe se créent. Et avant longtemps la culture et le reboisement auront rendu au plateau central de l'Imérina un aspect plus en rapport avec les merveilleux passage de la grande île.

Mais c'est la seconde zone, celle que nous appellerons volontiers la zône de ceinture, qui est surtout l'avenir de la culture et de la colonisation à Madagascar. On y trouve de vastes plaines admirables pour l'élevage du bétail et d'immenses forêts où abondent les essences les plus utiles et les plus précieuses. Rien ne saurait donner, au dire des voyageurs, une juste idée de la richesse de cette région. Là, des milliers de troupeaux pourraient prospérer à l'aise. Là, les forêts sont tellement épaisses et tellement vastes que les Hovas les considéraient comme une barrière infranchissable entre Tananarive et la mer. Là, côte à côte, les cultures d'Europe et les cultures du tropique, le café et la pomme de terre, la canne à sucre et la vigne, le riz et le blé, la vanille et les haricots, le manioc et la betterave poussent sans aucune peine et peuvent satisfaire à tous les goûts. Là, enfin, à côté des forêts où on trouve les essences les plus précieuses, l'ébène, le palissandre, le bois de rose, la natte qui rivalise avec l'acajou, le takamaka dont la veine rappelle le chêne, l'*intsy* qui passe pour incorruptible, on peut voir réussir les essences importées à cause des fruits, le citronnier, le pommier, le pêcher, le manguier, l'oranger qui donnent des récoltes superbes. Et nous ne parlons ni des arbres à épices qui réussissent admirablement sur la grande île, ni des arbustes et plantes à feuilles textiles, comme le vacoa, l'aloès, le ravinala, le raofia, qui alimentent l'industrie rudimentaire du pays, ni de la liane caoutchouc qui à elle seule ferait la fortune d'une île industrieuse. On la trouve, en effet, partout à l'état sauvage. Mais les habitants, au lieu de pratiquer une saignée dans le tronc et les branches de la liane, la coupent pour en extraire le suc qui durcit en se coagulant à l'air, et se vend sans aucune autre préparation jusqu'à 200 fr. les 100 kilos.

Au-dessous de cette riche zone de ceinture qui varie de 400 à 1.200 mètres d'altitude, nous placerons enfin la zone du littoral. C'est la seule qui jusqu'ici ait vu des entreprises sérieuses de culture et de colonisation. Aux environs de Vohémar, de Fénérife, d'Yvondro, de Fort-Dauphin, de Tamatave surtout, les premiers colons venus de Maurice et de la Réunion ont créé en nombre des plantations de cannes à sucre, de caféiers et de vanille qui donnent les plus beaux résultats. Sur la côte ouest, les établissements sont plus rares. Outre qu'elle est à une plus grande distance de

Maurice et de la Réunion, le pays a été sensiblement ravagé par les Sakalaves, qui, pour planter une rizière, brûlaient une forêt. Ils ont aussi dévasté des plateaux entiers, et quand arrivent les pluies de l'hivernage, plus abondantes sur la côte occidentale à cause du voisinage du canal Mozambique qui sépare Madagascar du continent africain, rien ne résiste à ces averses diluviennes. Mais le Sakalave s'en moque bien. Il n'est pas agriculteur; pourvu qu'il ait de maigres pâturages pour y faire paître ses troupeaux, il est content. Comme plantation, il se contentera de quelque bout de terrain marécageux qu'il fera piétiner par ses bœufs pour y semer du riz. Pour nourriture, outre sa sommaire récolte de riz, il aura à foison du manioc qui pousse à l'état sauvage, du *kabija,* sorte d'oignon sauvage au goût un peu amer, et du *cambare*, un gros tubercule qui, par son goût un peu sucré, rappelle la patate douce.

C'est cependant sur la côte ouest que se trouvent les établissements Suberbie si fameux depuis l'expédition. Mais il s'agit là d'établissements miniers, d'une exploitation aurifère. En outre, divers traitants se livrent au commerce des bois. Cette exportation, sévèrement interdite pas les Hovas dans le reste de l'île, n'a lieu que dans l'ouest, où les Sakalaves ont constamment revendiqué leur indépendance.

Voilà résumés aussi brièvement que possible les principaux

caractères des trois zones que nous avons établies pour mieux marquer les différences de sol et de produits. Nous n'avons pas besoin d'ajouter que sur le littoral la température n'est plus la même que sur les plateaux du centre. Sur la côte ouest le thermomètre ne descend pas au-dessous de dix-neuf degrés centigrades dans la saison fraîche. Sur la côte est, il descend jusqu'à quinze degrés.

Mais ce qu'il ne faut pas oublier, ce sont les échancrures du littoral, ces baies superbes qui font de la grande île un des pays les plus riches en refuges précieux pour les navires. Et sous ce rapport, nous mentionnerons sur la côte occidentale les baies de Saint-Augustin, de Baly, de Bombetoke, de Mozangaye ou Majunga, de Pessandava, de Nossi-Bé, et sur la côte orientale, la belle rade de Tamatave, le Port-Lonquez, et enfin vers le nord, Diégo-Suarez, un des plus beaux ports du monde et où toutes les flottes d'Europe tiendraient à l'aise.

Et maintenant, supposons que, du haut du navire qui le conduit à Madagascar, un voyageur cherche à se rendre compte du pays nouveau où il va bientôt pénétrer. Il apercevra d'abord une série de plaines plus ou moins vastes, au bout desquelles, devant ses yeux ravis, montera comme un immense bouquet de verdure. Mais aussitôt à terre, le spectacle change. Il se trouve dans le pays le plus accidenté du monde. Il voit encore des plaines ; cependant des coteaux, des mamelons séparent de profondes vallées. A mesure qu'il s'avance dans l'intérieur, ces accidents de terrain augmentent. Et s'il franchit les plateaux qui s'étagent les uns au-dessus des autres, il arrivera au centre de l'île à des hauteurs d'au moins 1.500 à 2.000 mètres au-dessus du niveau de la mer.

Ajoutons enfin qu'il ne s'agit point, quand on parle de Madagascar, d'une de ces petites îles comme il s'en dresse tant autour du continent africain. La grande île africaine est après Bornéo, la plus grande île du monde, l'Australie étant aujourd'hui comptée comme un continent. Elle mesure environ 350 lieues de longueur du nord au sud, sur une largeur moyenne de 110 lieues. On lui donne une superficie de 592,000 à 600,000 kilomètres carrés, c'est-à-dire une étendue qui dépasse d'à peu près un douzième celle de la France, et de moitié environ celle de l'Angleterre. Colbert, on le sait, poursuivant une idée de Richelieu, avait rêvé de faire de Madagascar une *France Orientale*. La République, en plantant nos couleurs à Tananarive, a repris l'œuvre des grands ministres de Louis XIII et de Louis XIV.

CHAPITRE II

La population de Madagascar. — Les Hovas, leur origine probable leur établissement dans l'Imérina. — Les autres peuplades de l'île, leurs principaux caractères. — Le chiffre total des indigènes. — Industries et ressources de Madagascar. — Un trait du régime Hova. — Richesses minières de l'île.

Nous avons dit que la structure géographique de Madagascar qui en explique les différences de climat et de produits en explique aussi un peu le régime politique. En effet, les Hovas campés sur les contreforts centraux des hauts plateaux d'où ils fondaient sur les peuplades environnantes, pour leur enlever leurs troupeaux et faire des esclaves, sont parvenus à établir sur le reste de l'île non une domination effective, comme on l'a dit à tort, mais une suprématie réelle.

Les Hovas ne sont pourtant pas une race autochtone.

La tradition sakalave rapporte qu'ils sont venus d'au delà des mers. Le navire qui les portait se brisa sur les côtes. S'étant multipliés dans la région qu'ils avaient occupée sur les bords de l'Océan, et étant devenus une puissance redoutable, ils eurent des démêlés avec les habitants de la contrée. Battus par la coalition des tribus voisines, et menacés d'extermination, ils émigrèrent vers l'intérieur avec leurs troupeaux, leurs femmes et leurs enfants. Ce fut alors qu'ils s'établirent sur le plateau central dans l'Émyrne ou Imérina — où ils remplacèrent les *Vazimbas*, peuplade aujourd'hui disparue et dont on retrouve cependant la trace dans un ou deux villages aux environs de Tananarive.

Cette tradition sakalave vient à l'appui des observations de plusieurs savants sur l'apparence physique et sur le langage des Hovas. M. Grandidier, entre autres, a établi l'étroite affinité qui existe entre la langue malgache et la langue malaise. Quant au physique, tous les caractères de la race malaise se retrouvent chez le Hova. Il a les lèvres fortes, les *pommettes saillantes*, les *yeux bridés*, des formes *plutôt grêles*, les *cheveux plats ou légèrement bouclés*, la *barbe peu fournie*, le *teint olivâtre*. Et sur les côtes d'Afrique ces caractères ethnographiques ne peuvent s'expliquer que par une immigration ou des croisements séculaires. Du reste, en prenant même dans les récits des Hovas la chronologie de leurs vingt rois pour base de calcul, on n'arrive pas à reculer bien au delà de deux siècles et demi l'apparition de leur tribu à Madagascar.

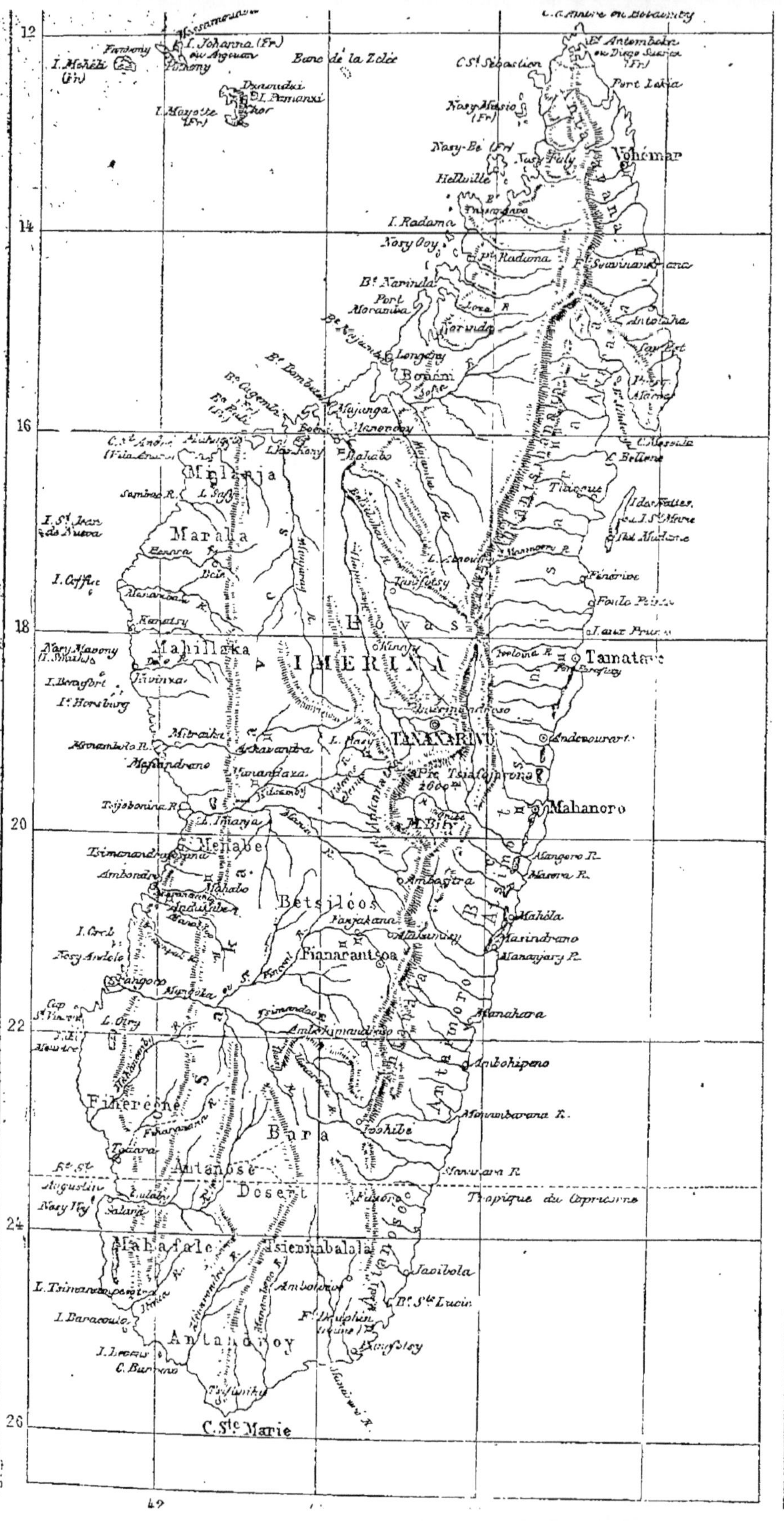
12
14
16
18
20
22
24
26
42
I. Johanna (Fr.)
Banc de la Zélée
C. St Sébastien
Bt Antembok
Port Louquez
I. Mayotte (Fr.)
Nosy Be (Fr.)
Hellville
Vohémar
I. Radama
Nosy Ooy
Bt Narinda
Port Radama
Antalaha
Port Moramba
Longozy
Boina
Majunga
Mahabo
C. Masoala
C. Bellone
Tintingue
Ile Ste Marie
Menabe
Marambe
I. Coffin
Fénérive
Foule Pointe
Hovas
IMERINA
Mahilaka
Tamatave
I. Beaufort
Ambohimanga
TANANARIVO
Mitraika
Andevourante
Vatomandry
Mahanoro
Tsimanandrafozana
Ambondro
Mahabo
Ambositra
Betsileos
Mahéla
Masindrano
Fianarantsoa
Tsingoro
Manahara
Ambohipeno
I. Croch
Nosy Andolo
Cap St Vincent
L. Oiry
Fiherena
Bara
Antanosi
Desert
Bt St Augustin
Nosy Vey
Salara
Tropique du Capricorne
Mahafale
Tsienimbalala
Jaoibola
Bt Ste Luce
L. Tsimanampetsotsa
I. Baracouta
Ft Dauphin
Antandroy
C. Barrow
C. Ste Marie

Il faut ajouter tout de suite qu'aujourd'hui on n'applique pas exclusivement le nom de Hovas aux seuls descendants de la tribu malaise en question. Tout Malgache habitant l'Imérina, et jouissant du bénéfice de cette résidence sans être noble ou esclave, est *Hova*, sans l'être le moins du monde au point de vue ethnographique. Il provient, en effet, très souvent d'un croisement où le type malais se mélange plus ou moins d'un élément africain, arabe ou même européen. Aussi, quelques explorateurs ou écrivains donnent aux Hovas le nom d'Imérines du nom de la province où est le siège de leur domination. Et les indigènes eux-mêmes emploient rarement le mot de Hova pour désigner leurs vainqueurs. Ils les appellent *Ambaniendros* (ceux qui sont sous le jour). — Chez les Sakalaves, qui ont vécu en état perpétuel d'hostilité contre eux, les Hovas sont couramment désignés sous le nom d'*Amboas lambos* (chiens-porcs), mot qui est aussi un des jurements les plus violents de leur langage.

Le lecteur aura occasion de voir dans ce volume le genre de civilisation que le Hova représente à Madagascar. On doit reconnaître que, parmi les tribus de l'île, la sienne est la plus intelligente, la plus habile, la plus rusée, la plus capable aussi de se frotter des apparences, au moins, du progrès européen. Mais, tout considéré, ce n'est pas son histoire qui contredira la frappante vérité de la remarque du comte de Maistre, disant que le sauvage était une fin et non un commencement. La poignée de Français laissés au Canada est devenue, après un siècle, une petite nation de 2,000,000 d'hommes. A Madagascar, il ne semble pas que la population ait sensiblement varié depuis Flacourt qui représentait la France à Port-Dauphin, vers la moitié du XVIIe siècle. Il disait les Hovas, qu'il nommait alors *Vohitsangombas*, capables de mettre en ligne une armée de 100,000 hommes. On sait qu'hier, pour la résistance désespérée que les Hovas devaient tenter contre la France, ils sont restés bien au-dessous du chiffre de Flacourt. Il est vrai qu'on aurait eu du mal à les compter, tant ils ont montré de légèreté à la course.

En dehors des Hovas, la population générale de Madagascar se divise en une cinquantaine de peuplades que l'on doit ramener à treize groupements principaux. Ce sont les *Sakalaves*, les *Autankares*, les *Betsimisarakas*, les *Tanalas*, les *Sihanakas*, les *Bezanozanos*, les *Betsileos*, les *Antaimoros*, les *Antannosses*, les *Tandroy*, les *Machicores*, les *Baras* et les *Mahafaly*.

Les *Sakalaves* (hommes aux longues tresses), ont été longtemps la peuplade la plus puissante de Madagascar. Ce sont leurs querelles intestines qui ont permis aux Hovas, aidés de temps à autre par les Anglais, de les dominer. Mais ce fut toujours une domination plus nominale que réelle. Un gouverneur hova ne se serait pas aventuré, parmi les Sakalaves, sans une escorte suffisante. Constamment en révolte, ils n'ont jamais été entièrement soumis. Aujourd'hui encore, le Sakalave exècre le Hova.

Les *Autankares* (peuple du tonnerre), occupent le nord-ouest de l'île ; on les considère comme une branche de la famille sakalave. Comme le Sakalave, l'Autankare est guerrier et déteste le Hova. Habitant près de la mer, il excelle dans l'art de construire et de conduire de légères embarcations.

Les *Betsimisarakas* (beaucoup qui ne se séparent pas — ou peuples unis) forment, dans l'est, un des groupements les plus importants de la population malgache. Ils sont d'humeur douce, aiment les Français, sont d'une probité rare à Madagascar — et ont le goût de leurs foyers. — Eux aussi détestent les Hovas qui n'en vinrent à bout que par trahison. Ce fut chez eux que le sergent Labigorne, Français, qui avait épousé une princesse de leur pays, et plus tard le Polonais Beniowski, fondèrent un royaume qui fit trembler les Hovas. Malheureusement on ne soutint pas ces entreprises, et Beniowski étant mort révolté contre la France dont les représentants, là-bas, jalousaient son influence, les Betsimisarakas se divisèrent de nouveau en tribus séparées, sous la conduite des anciens chefs malates (mulâtres), que Radama attira à Tananarive et fit traîtreusement assassiner. Désorganisés, restés sans chefs, ils devinrent une proie facile. Mais le Betsimisaraka n'a point encore oublié cette trahison. Pour lui surtout, la domination française est une délivrance. Il formera un des éléments les plus assimilables de notre colonisation. Et ce ne sera pas un élément à dédaigner. Les Betsimisarakas aiment les voyages, la navigation. — Quand un navire français a besoin de refaire son équipage, à Sainte-Marie ou à Tamatave, les Betsimisarakas s'offrent volontiers et ne font point de mauvais matelots.

Les *Betsiléo* aussi constituent un groupement qui ne le cède point en importance à celui des Sakalaves. Seulement ils ne sont plus comme au temps de Flacourt en lutte contre les Hovas. Jadis ils n'habitaient que dans des cités construites au sommet des montagnes, d'accès difficile, sauf par un seul côté et en outre protégées par une triple enceinte de fossés. C'est ainsi qu'ils ont pu longtemps résister à l'absorption par les Hovas. Aujourd'hui ils se contentent d'entourer leurs villages et leurs fermes de massifs de cactus à peu près impénétrables.

Le Betsiléo de couleur un peu plus foncée que celle du Hova a aussi une plus grande stature. Il est plus apathique, moins capable d'efforts vigoureux que son conquérant, mais supérieur par la moralité et la probité aux autres Malgaches, ce qui, il est vrai, n'est pas beaucoup dire. Comme intelligence, il vaut le Hova et dans les écoles de nos missionnaires on voit souvent les petits Betsiléos primer les enfants du Hova.

Au sud-ouest du royaume des Betsiléos qui est immédiatement au sud de l'Imérina, on trouve la tribu guerrière des *Baras*. Ils passent pour réfractaires à la civilisation et leur apparence justifie cette réputation. Ils n'ont en effet rien d'engageant avec leur chevelure qu'ils disposent sur leur tête en grosses boucles enduites de graisse, de cire ou de terre blanche et dominées par un énorme chignon, avec leurs talismans — deux os — l'un grand comme une pièce de cinq francs pendue à leur front, l'autre plus grand et qui leur pend du cou sur la poitrine enjolivée elle-même de tatouages bizarres. Ajoutons pour compléter ce portrait que le Bara ne se sépare jamais de ses armes, fusil à culasse ornée de clous de cuivre, sagaie étincelante, corne à poudre, hachette, couteau. Jamais le Hova n'a pu soumettre cet incommode voisin qui lui inspire d'ailleurs un certain respect. Les prédicants méthodistes nous dépeignent les Baras sous les plus noires couleurs. Mais le détail n'a rien d'étonnant quand on sait que les Baras, qui ont demandé plus d'une fois des missionnaires français, détestent les Méthodistes presque autant que les Hovas. Les autres peuplades de Madagascar ne méritent guère qu'une mention. Aussi contenterons-nous de citer les *Tanalas* (hommes des bois), qui vivent dans les épaisses forêts du centre et ne payent aux Hovas qu'un tribut nominal; les *Antsianakas* qu'on trouve autour du lac Alaotra, le plus grand lac de Madagascar, et qui sont pour ainsi dire les fermiers et les gardiens de troupeaux des Hovas; les *Bezanozanos* où se recrutent la plupart des porteurs et coureurs de Madagascar, les *Antaimoros* (ou maures) qui sont d'origine arabe, les *Antanossi* qui fournissent les meilleurs ouvriers de l'île et habitent les environs du Port-Dauphin.

Il faut cependant noter à part les *Tandroy*, les *Machicore* et les *Mahafaby* qui occupent toute la côte sud de Madagascar entre le cap Sainte-Marie et la baie de Saint-Augustin. Ce sont trois peuplades également pauvres et fourbes, où les hommes sont robustes, mais d'apparence sauvage et dépenaillée; elles ne se nourrissent guère que de fruits, n'aiment ni le travail de la terre ni aucun autre travail, ne s'occupent que de leurs nombreux troupeaux de bœufs et vivent volontiers au détriment d'autrui. Toutes les trois sont indépendantes des Hovas.

L'état civil étant une institution parfaitement inconnue à Madagascar, il est difficile, on le conçoit, d'évaluer avec quelque certitude tous les éléments de sa population. Cependant tous les voyageurs et explorateurs portent de quatre à cinq millions le chiffre de la population entière de l'île. Et sur ce chiffre, d'après eux, les Hovas seraient environ huit cent mille ou un million, c'est-à-dire le quart à peu près. Mais il ne faut pas oublier que dans ce chiffre figurent tous les Malgaches qui, n'appartenant pas par l'ethnographie à la race dominante, jouissent du bénéfice de la résidence ou d'une apparente assimilation.

Région des forêts. — Village d'Irikitra.

Certains explorateurs ont vanté outre mesure la richesse du sol de Madagascar. Certains autres en ont au contraire rabaissé systématiquement la fertilité. Nous ne ferons ni comme ceux-ci, ni comme ceux-là. Quand il s'agit d'un pays plus grand que la France, il n'est pas possible de porter avec justice une appréciation d'ensemble. La France est certainement pour la variété et la richesse de ses cultures le pays le plus favorisé de l'Europe. Et cependant le touriste étranger qui en aurait parlé il y a quelques années seulement d'après ses impressions sur le « désert » de la Crau, les plaines fiévreuses de la Sologne, ou les landes de la chère Bretagne aurait pu en faire un affreux tableau. De même à Madagascar s'il y a des parties d'apparence désolée, soit que la nature s'y montre naturellement ingrate, soit que l'incurie des sauvages y ait transformé en marécages malsains ou en mamelons arides les sites des anciennes forêts — l'ensemble du pays avec ses bois immenses, ses vastes plaines et ses fertiles vallées donne bien l'impression d'un des pays les plus riches qu'il y ait au monde.

C'est donc sur l'agriculture et l'élevage qu'on peut tout d'abord compter pour développer la prospérité de la grande île. Le zébue ou bœuf à bosse y vit comme le mouton par innombrables troupeaux, fournissant la viande de boucherie, le lait et le beurre bien au delà des besoins du pays. Madagascar est le grand marché où les îles de la mer des Indes viennent s'approvisionner. Car la faune y est aussi riche que la flore, et c'est tout dire. La volaille, et tous les animaux de basse-cour y pullulent. Le gibier y abonde et les bois sont peuplés d'oiseaux de toute grandeur et de tout plumage, comme aussi de « cochons marrons » *vulgo* cochons sauvages qui remplacent non sans quelque avantage les sangliers. Pour le chasseur qui aime les émotions il y a les caïmans dont les cours d'eau sont trop souvent infestés, et que les Malgaches vénèrent comme certaines peuplades indiennes vénèrent le tigre.

Par cette brève énumération le lecteur peut voir que Madagascar offre à mille industries un champ illimité. Et cependant nous n'avons rien dit des vers à soie du pays qui ont cela de particulier qu'ils vivent indifféremment de toutes les feuilles vertes (alors qu'au vers à soie de France il faut la feuille du mûrier) et qui alimentent la principale industrie de la grande île. En effet, le *lamba* ou tissu de soie, est le produit le plus original et le plus apprécié de Madagascar. Malgré la simplicité des moyens dont disposent les artisans malgaches, les Européens font grand cas de ces *lambas* qu'on paye de 300 à 400 francs pour une pièce mesurant 3 mètres de long sur 1 mètre 50 de large. Les indigènes eux-mêmes en font une grande consommation. Toute famille qui tient à sa considération ne saurait se dispenser d'avoir un ou plusieurs *lambas* pour ensevelir ses morts.

L'art du tissage est d'ailleurs assez répandu à Madagascar. Le pays est riche en plantes textiles que les habitants utilisent de mille manières. Avec le coton et le chanvre ils fabriquent des toiles pour les pauvres et les esclaves. Avec le *raofia*, le *vacoa* et le *zozoro*, jonc fin qui pousse dans les marais, ils fabriquent des tissus végétaux qui ne manquent ni de finesse ni d'originalité, des *rabanes*, des nattes, des chapeaux qui imitent le Panama, des corbeilles, des sacs qu'on trouve maintenant à Paris chez les vanniers.

A propos de ces travaux comme de ceux que les Malgaches exécutent en orfévrerie, en ferblanterie, en poterie, ce qui frappe le plus l'étranger, c'est l'habileté de la main d'œuvre et la grossière simplicité des moyens. Ainsi en est-il aux Indes où on voit parfois un artisan indigène accroupi dans son échoppe, voire à un coin de rue, accomplir, avec des outils qui feraient sourire nos ouvriers d'Europe, des chefs-d'œuvre de finesse et.... de patience. Le Malgache fabrique aussi de l'huile, de la potasse et du savon, de la vaisselle de corne, de la poudre de guerre, du tabac qui pousse dans l'île à l'état sauvage. Mais il s'agit en tout cela de rudiments d'industries parfois copiées grossièrement sur les procédés européens, plutôt que de véritables industries. L'industrie, le commerce, l'agriculture, l'élevage ne se développeront à Madagascar que quand le pays aura connu les bienfaits d'un gouvernement civilisé. Le régime hova était même pour le Hova ce qu'est, dit-on, le mancelinier, l'arbre vénéneux à l'ombre duquel aucune plante ne peut pousser.

A Madagascar tout appartient à la reine. Pourquoi le Malgache aurait-il augmenté le produit de ses champs, amélioré son industrie, développé son commerce, ou d'une façon quelconque étalé sa fortune? Une dénonciation, un caprice de ministre pouvait sans autre forme de procès, le faire arracher à sa demeure, à son commerce, à son industrie, et le conduire à la prison ou à la mort. Et ses biens passaient sans plus de cérémonie à la reine, c'est-à-dire au premier ministre. De même il était imprudent à un artisan de montrer trop d'habileté dans sa profession si c'était une profession utile au palais royal ou au palais du ministre. Il était réquisitionné pour le service de la Reine et tout Malgache doit servir la Reine pour rien.

Un chapitre sur les ressources et les industries de Madagascar ne serait pas complet s'il ne mentionnait les richesses minières du pays. Mais là-dessus les données sont loin d'être précises, puisque le gouvernement hova avait fait la défense, sous peine de mort, de révéler tout dépôt de métaux précieux aux européens. Ce qu'on sait avec certitude, c'est que des minerais de fer et de plomb existent en grande abondance dans l'île. On a aussi constaté l'existence d'un vaste bassin houiller dans le nord-ouest. On n'est pas non plus sans être fixé sur la présence de l'or dans la grande île. Les établissements de M. Suberbie à Suberbieville, où nos troupes ont campé sur la route de Tananarive, ont été créés pour l'extraction de l'or qu'on trouve en grande quantité dans ces parages. Du reste, quand on n'aurait pour preuve de l'existence des métaux précieux que la défense du gouvernement hova dont les missionnaires ont toujours parlé, ce serait une preuve sérieuse. Il nous revient à ce sujet un souvenir : le premier ministre Rainilaiarivony montrait un jour à Mgr Cazet un bijou, montre ou médaillon, orné de pierres précieuses.

— Et tout cela, disait-il avec orgueil, est tiré de la terre même de Madagascar.

CHAPITRE III

Importance stratégique et politique de Madagascar. — Les petites îles. — Le Hova; ses traditions religieuses. — Le *Faudroana*. — La Circoncision. — Curieuses coutumes. — Les mœurs. — Les esclaves. — L'influence diabolique à Madagascar. — Les *Ramanenjana*.

Quand même l'île de Madagascar n'aurait pas été la riche contrée qu'ont décrite tant de voyageurs, elle aurait mérité par sa situation géographique un sérieux essai de colonisation. Par cette situation elle commande la mer des Indes. Et ses ports magnifiques, les ressources qu'y pourront trouver les escadres de la nation à laquelle elle appartient, lui donnent une importance stratégique de premier ordre. Ajoutons qu'elle compte de l'est à l'ouest en passant par le nord une ceinture d'îles au territoire fertile, aux ports spacieux et bien abrités, et qui à elles seules constitueraient un véritable héritage pour une puissance jalouse d'établir son influence militaire dans la mer des Indes. Ce sont à l'est l'île *Sainte-Marie*, où, après Port-Dauphin, ont été fondés nos premiers établissements ; au nord *Mayotte,* qui dépend des îles Comores ; puis, plus à l'ouest, *Nossi-Fali*, qu'un étroit chenal sépare de la grande terre; *Nossi-Comba* où le général Duchesne avait établi le *sanatorium* de l'expédition, et enfin *Nossi-Bé*, qui offre le plus gracieux panorama avec ses pentes boisées et fertiles, et dont le port abriterait aisément toutes les escadres de la France.

Les habitants de ces îles ne diffèrent point de ceux de Madagascar. A Nossi-Bé, notamment, nous retrouvons les Sakalaves dont les chefs se sont placés depuis longtemps sous la protection de la France. Ajoutons que depuis longtemps ces îles sont administrées par nous. C'étaient pour ainsi dire les postes avancés où la France montait la garde autour de la grande île.

Et cette garde a été bien nécessaire. Depuis cent ans les Anglais ont mainte fois tenté de nous évincer de Madagascar pour y implanter leur influence d'abord et leur domination ensuite. On ferait un volume rien qu'avec le récit des intrigues et des conspirations dont les pasteurs méthodistes de Tananarive ont été souvent les habiles instigateurs contre nos missionnaires, contre des Français, contre la politique française. Même après la reconnaissance formelle par lord Salisbury du protectorat de la France sur Madagascar — en échange du consentement donné par nous au protectorat de l'Angleterre sur Zanzibar — les méthodistes campés à

Tananarive ont continué à compter sur un retour de fortune, sur des complications politiques, sur quelque chose enfin qui détournerait les Français de Madagascar. Ils ont trop bien travaillé. Ils ont poussé le gouvernement hova dans des voies maladroites et dangereuses. Ils ont forcé la France à sortir de sa longue patience pour exiger le respect de ses droits.

Et maintenant que la France est montée à Tananarive, il faut qu'elle s'y souvienne de ses anciennes traditions. Elle a su coloniser avant l'Angleterre, et les colonies qu'elle avait fondées sont restées fidèles à son souvenir malgré les vicissitudes de la guerre et de la conquête. Madagascar lui offre des facilités qu'elle ne trouverait pas partout. La grande île située dans le voisinage des îles de Maurice et de Bourbon a attiré déjà des colons de ces deux îles jadis si prospères de la mer des Indes. Maurice, aujourd'hui sous la domination anglaise, a gardé une population française comme celle du Canada. Bourbon est français. Et dans ces deux petits pays la jeunesse commence à manquer de travail et de débouché. Qu'on l'appelle dans la grande île qui, plus vaste que la France, n'a qu'une population de quatre ou cinq millions d'âmes ! Et c'est là un élément tout trouvé pour la colonisation et le peuplement de Madagascar.

Le Malgache lui-même est-il assimilable ?

La chose est douteuse du moins pour l'ensemble de la

génération actuelle. Mais avec les missionnaires et les écoles ce n'est qu'une question de temps, et les générations à venir qu'on sauvera de la barbarie et de la superstition ne ressembleront pas, il faut l'espérer, à ce qu'on voit aujourd'hui. Les missionnaires rendent bon compte de l'intelligence et des qualités des enfants qui fréquentent leurs écoles. Malheureusement, jusqu'ici, au sortir de leurs mains, les jeunes gens retombent forcément au milieu de coutumes, d'institutions, d'exemples qui ont parfois raison de leur éducation toute fraîche. Cependant, lors des deux dernières ruptures avec le gouvernement de Tananarive, on a vu des communautés de chrétiens rester fidèles aux enseignements des missionnaires et donner de véritables exemples de générosité et de dévouement. C'est de bon augure pour l'avenir.

On ne trouve point d'ailleurs à Madagascar de fanatisme antichrétien.

Le Malgache a plutôt des superstitions que de la religion et elles varient assez peu de tribu à tribu. Les Hovas ont cependant gardé la trace dans leurs traditions et leurs prières d'une ancienne doctrine monotheiste. C'est encore une des marques de leur origine étrangère. En conquérant l'île, ils ont été aussi conquis par elle ; et aujourd'hui, ils invoquent les ancêtres, les « vertus des douze montagnes » certaines pierres sacrées, certains talismans. Leurs croyances sont d'ailleurs tout ce qu'il y a de plus embrouillé ; ils n'ont aucune doctrine certaine sur l'au delà de la mort ; l'âme est pour eux une sorte de « semblant de l'individu, » d' « ombre » qu'un sorcier malfaisant peut extraire du corps sans le faire périr tout de suite ; mais alors on tombe malade et la famille demande gravement des consultations pour retrouver l'âme égarée. Quant aux pratiques religieuses elles sont pour ainsi dire de surface et puériles. Ainsi par exemple, pour obtenir un bon voyage, un Malgache promettra d'immoler un coq, qu'il immolera..... pour le manger.

Sa grande fête religieuse est le *Faudroana*. C'est le premier de l'an malgache qui tombe régulièrement après chaque période de douze mois lunaires, durée de l'année à Madagascar. Cette fête qui remonte aux commencements de la monarchie hova est annoncée un mois à l'avance par décret royal à tous les habitants de l'Imérina. Trois semaines avant la fête toutes les affaires sont suspendues et tout le monde échange des présents. Huit jours avant commencent les visites où chacun apporte et reçoit un peu d'argent. Défense est faite de tuer tout quadrupède durant les cinq jours qui précèdent la grande date. Enfin, la veille, commence la partie pittoresque de la fête. Dès la tombée de la nuit, tous les enfants sortent de la ville et des villages avec une torche allumée au bout d'un bambou, courent, tournent en cercle et forment mille évolutions. C'est la partie la plus gracieuse du programme et elle recommence le soir de la fête. Mais venons à la fête elle-même. Le matin est consacré au souvenir des morts. Puis commence la distribution des bœufs aux corporations d'ouvriers, employés par l'Etat. Or, ce n'est pas tout de distribuer les bœufs dans la cour du palais, il faut les conduire à la porte des destinataires et alors commence dans les rues de Tananarive une vraie bacchanale ; car des troupes d'esclaves et de gamins armés de cordes cherchent à s'emparer des bœufs qui parfois font un mauvais parti aux voleurs sous les yeux de la foule amusée. Ce n'est qu'après ce tumulte que la rue appartient aux promeneurs paisibles. Les familles, parées de leur mieux, échangent des visites en accomplissant « la cérémonie des prémices » qui consiste à s'humecter la tête d'un peu d'eau puisée au récipient exposé à la porte de chaque maison en disant : *Les prémices, les prémices ! O Dieu Créateur, puissions-nous atteindre mille ans sans nous séparer.*

Enfin à la nuit close, les principaux officiers et chefs civils et les étrangers de distinction assistent avec les princes et princesses du sang à la cérémonie du bain royal. Ils voient apporter avec grande solennité l'eau pour la baignoire royale, et la collation pour les invités. Le souverain ayant reçu le *hasina,* offrande d'hommage, se dirige dans un coin de la salle où derrière un rideau est préparé le bain. Il y entre en petit costume, prononce la formule de bénédiction, reparaît en grand costume, couronne en tête et sceptre en main, et va s'asseoir sur un grand sopha rouge. Alors les princes et princesses vont s'asperger à la baignoire par ordre de préséance et reviennent se faire bénir par le souverain assis. Lui, cependant, après avoir béni sa famille, se lève pour la bénédiction de sa cour et de son peuple. Armé d'une corne blanche pleine de l'eau de son bain, il verse de cette eau dans sa main droite, asperge les assistants en prenant soin de ménager les étrangers, et faisant le tour de son palais, arrose tous ceux qu'il trouve sur son passage. Tout cela se passe pendant que les musiques de l'Etat jouent leurs plus beaux airs. En outre, avant et après le bain, comme pendant la collation, une triple salve d'artillerie répétée par les échos des montagnes jusqu'à quinze et vingt fois retentit sur Tananarive annonçant à toute la contrée que la nouvelle année est commencée. Et le lendemain on ne s'abordera plus qu'avec la salutation d'usage : « *Salut à vous, atteint par la nouvelle année ! Puissiez-vous vivre mille ans !* » Cependant le *Faudroana* n'est pas encore fini. Pour inaugurer le premier jour de l'année, le souverain doit immoler un bœuf tacheté de blanc dont il offrira le sang à Dieu avant de le déposer recueilli dans une corne au tombeau de ses ancêtres.

Et c'est le signal d'une véritable hécatombe de bœufs dans Tanarive. Chaque famille qui se respecte immole son bœuf ;

les rues sont pleines d'esclaves chargés de quartiers de bœuf gras qu'on échange de maison à maison. On vit pour ainsi dire dans l'odeur de la viande crue. Puis à commencer par la reine qui invite les seigneurs et les étrangers, chacun fait ses invitations. Et les ripailles commencent ; mais d'après l'étiquette, on a un mois — pour accepter et rendre les invitations.

Parmi les particularités de cette fête du Faudroana, il faut encore mentionner l'usage de quelques familles, où fidèle à la coutume des ancêtres l'aîné recueille sur une feuille de papyrus les premières gouttes du sang du bœuf immolé et cloue à la porte du logis la feuille ainsi teinte de sang. La chose était générale autrefois et c'était apparemment un souvenir de la Pâque juive ; car bien des fêtes et bien des usages à Madagascar semblent inspirés des traditions judaïques.

Mentionnons surtout le festin des enfants qu'on voit, lorsque les bœufs sont abattus, accourir sur la pelouse du champ de mars au pied de la capitale. Ils y allument des feux, font cuir leur viande et festinent jusqu'au soir au milieu de chants et de danses de toute sorte.

Enfin le mois du Faudroana qui est le mois des divertissements et de l'oisiveté se clôture solennellemont par la visite du Souverain à Ambohimauga au tombeau des ancêtres.

Avant l'institution solennelle du *Faudroana* en grande fête nationale, institution qui date seulement de 1869, la fête septennale de la Circoncision (encore une tradition et un usage des Juifs) était la fête par excellence des Hovas. L'introduction du Méthodisme officiel à Madagascar et la prétendue conversion de la cour à la religion des anglais ont amené l'abolition de la fête comme fête de l'État. Mais il ne faudrait pas croire que cette abolition officielle ait pu abolir la fête elle-même et ses pratiques. Seulement au lieu d'attendre un décret royal et le retour de la septième année pour la célébrer comme autrefois, la plupart des Malgaches la célèbrent quand il leur plaît au milieu de leurs parents et amis.

Indépendamment de ces deux fêtes principales, il faut aussi noter celles qui ont lieu dans les familles, soit pour la première coupe des cheveux des enfants de la maison, soit pour la dédicace d'une demeure nouvelle. Enfin il y a celles du *Mamadika* ou fêtes des funérailles qui se célèbrent avec une grande solennité dans les familles importantes et qui dégénèrent trop souvent en véritables orgies.

On connaît trop les mœurs des Hovas d'après ce qu'en ont dit tous les explorateurs pour que nous ayons à en parler. Ce sont pour tout dire des mœurs de sauvages pour qui l'honneur et les vertus des sociétés chrétiennes paraîtraient de vains préjugés. Et cependant, au milieu de son désordre moral, le Malgache ne manque point de ce qu'on appelle l'esprit de famille. L'autorité paternelle y est respectée. La malédiction d'un père est le plus grand malheur que puisse redouter un jeune Malgache. Il deviendrait l'objet de la réprobation universelle qui s'attacherait à toute sa descendance. C'est la raison pour laquelle on voit de nombreuses familles où tout semblerait de nature à engendrer la discorde vivre en bonne harmonie autour de leur chef.

L'esclavage règne à Madagascar, surtout chez les Hovas. Et cela se comprend. Pendant près d'un demi-siècle, les Hovas, en portant la guerre chez les peuplades voisines ne manquaient point de s'emparer des femmes et des enfants, ce qui constituait pour eux la plus précieuse part du butin de leurs expéditions. Et on les vendait ensuite comme esclaves dans les bazars. Aussi, dans l'Imérina, la proportion des esclaves est-elle plus forte que celle des habitants ordinaires. Cependant, il faut ajouter tout de suite que l'esclavage est rarement à Madagascar ce qu'il a été ailleurs. L'esclave est à peu près traité comme un membre de la famille et pourvu qu'il paie à son maître une certaine redevance on le laisse absolument libre de son temps et de son travail.

Il y a du reste deux classes d'esclaves : celle des serfs de la couronne et celle des esclaves proprement dits. Parmi les premiers on range les *Tsierondahy* et les *Tsimandoa*, esclaves arrivés dans l'île à la suite des Hovas, qui ont eu leur part de terre comme les conquérants, et forment la petite armée des « Courriers d'État, » et les *Manisotra*, tous descendants de trente affranchis célèbres qui ont soumis jadis une ville de l'Imérina au sceptre des rois hovas. Les esclaves de la couronne peuvent tous arriver aux plus hautes charges de l'État. Et néanmoins les esclaves ordinaires ne voudraient

Région côtière. — Les pirogues sur la plage d'Ivondrono.

point changer leur sort contre celui des esclaves privilégiés. Ceux-ci ne peuvent s'affranchir complètement eux-mêmes ni affranchir leurs descendants. Nés serfs ils doivent rester serfs. Tandis que les esclaves ordinaires peuvent travailler à leur complète libération.

Cette question de l'esclavage est un des problèmes les plus délicats que l'administration française aura à résoudre à Madasgascar. Il y faudra du temps, de la patience et des tempéraments.

La justice n'existe pour ainsi dire pas à Madagascar. Les juges n'étant pas rétribués par l'État, doivent vivre de leurs fonctions et avec le caractère intéressé du Hova, cela peut mener les plaideurs assez loin. Tout procès un peu sérieux doit remonter jusqu'à la reine par le premier ministre et Dieu sait ce qu'il y gagne. Encore, autrefois la justice se rendait d'une façon assez primitive en plein air, soit auprès des portes du palais royal, soit dans les villages auprès de la demeure des seigneurs. Aujourd'hui pour singer la civilisation européenne on a installé un sanctuaire de Thémis à Tananarive; c'est un hangar dont la toiture repose sur des colonnes de pierre et où siègent les *Minos* hovas. On a même établi récemment quatre juridictions : celle des crimes, celle des vols, la plus encombrée de toutes, celle des héritages, et enfin celle des coups et insultes.

Il va sans dire que les Européens à Madagascar ont la garantie de leur juridiction consulaire.

Tout Hova est soldat de la Reine et il l'est toujours à ses propres frais. Dès qu'on le réquisitionne il est obligé de se mettre en route. On lui fournira des armes, mais il devra s'habiller et se nourrir. C'est la *corvée* militaire, car tout à Madagascar est prétexte à *corvée* au profit du souverain. Tout Malgache lui doit tout et on lui prend souvent ce tout là.

Voilà les principaux traits de la civilisation hova qui a fait pleurer de tendresse des méthodistes anglais peu sincères mais avisés, et qui est au fond une barbarie très peu déguisée. Madagascar a été par excellence jusqu'à présent le pays du diable et de la diablerie. Son histoire prouve l'abaissement et la misère où l'ennemi du genre humain peut réduire les malheureux qu'une expiation mystérieuse lui a livrés. Car c'est là qu'il faudrait envoyer tous les abstracteurs de quintessence occutiste qui occupent aujourd'hui les boulevards et la presse de nos capitales de leurs prétendues découvertes sur le surnaturel diabolique. Les annales de nos missionnaires, les récits de nos explorateurs sont remplis d'observations bizarres et déconcertantes qui attestent sur cette vaste contrée la présence et le travail de l'esprit du mal. Comment expliquer autrement ces divisions et ces impuissances qui ont aidé à la prédominance du Hova sur des peuplades plus braves et quelques-unes meilleures que lui ! Comment comprendre la patience avec laquelle des milliers d'hommes ont subi depuis des siècles des cruautés sans nom, le règne du *taughen*, le poison meurtrier qui était le grand moyen de gouvernement des monarques hovas, et la domination de maîtres corrupteurs et corrompus. Pour nous, nous verrions volontiers cette influence mystérieuse dans les crimes, les accidents et les calamités qni ont retardé jusqu'à nos jours l'entrée définitive de la civilisation chrétienne à Madagascar.

Qu'on se rappelle plutôt les circonstances extraordinaires où périt Radama II. Ce prince, qui aimait les Européens et surtout les Français, leur avait ouvert toutes grandes les portes de son royaume quand éclata l'*épidémie* des *Ramanenjana*. Le 26 mars 1863 Tananarive fut troublé par des gens qui racontaient à l'ombre que la vieille Ranavalona, furieuse de voir son fils oublier les traditions des ancêtres et livrer son pays aux étrangers, avait quitté *Ambondrombé*, le séjour des morts, pour rentrer dans son ancienne capitale. Elle avait d'abord voyagé avec une sorte de cortège d'ombres chargées d'ombres de bagages ; mais au premier village qu'on rencontra les ombres chargées de bagages, imitant ce qu'on fait toujours quand voyagent les souverains malgaches, avaient passé leur fardeau aux vivants. On disait que ceux-ci, saisis tout d'abord d'un violent mal de tête, ne tardaient pas à voir la vieille Reine escortée de ses ombres ; puis, pris d'une sorte de délire, ils se mettaient à danser dans leurs villages ou aux environs, prétendant qu'ils faisaient cortège à leur souveraine. Cela durait deux jours au bout desquels le village retrouvait la paix. Mais alors le village suivant prenait à son tour l'épidémie et cela alla ainsi jusqu'aux environs de Tananarive. Les visionnaires de Tananarive se conduisirent exactement comme ceux des villages environnants. Seulement leur épidémie dura, prit un caractère intense qui bouleversa la ville. Ils se tordaient dans les rues sous des coups invisibles, tantôt criant partout qu'ils étaient chargés d'un message pressant pour le roi, dépouillant les champs de canne à sucre et les vergers de leurs branches qu'ils portaient pour singer les catholiques qui, le 29 mars, avaient fait la procession des Rameaux, tantôt annonçant publiquement qu'ils devaient chercher le roi pour le conduire à la reine chez les morts.

La tournure que prenait cette bizarre épidémie aurait dû mettre Radama sur ses gardes. Il ne manqua point de bons conseils. Les missionnaires l'avaient averti. Un peu de fermeté eût fait cesser ces désordres. Mais Radama incapable d'énergie contre ses passions, était incapable d'en montrer contre ses ennemis. Vainement, le P. Finaz qu'il appelait son père et son ami, l'engagea à réformer les scandales qui déshonoraient sa cour, les complots qui menaçaient sa vie. Radama promit tout et ne fit rien, ou du moins ce qu'il fit, ce fut de rendre un édit par lequel il ordonnait à tout le monde de se découvrir devant les « convulsionnaires » qui, maintenant, querellaient tous ceux qui ne leur rendaient pas hommage. Quelques jours après les *menamaso* (favoris) du roi, qui étaient de jeunes malgaches habillés à l'Européenne et très dévoués au roi, étaient traqués et tués comme des bêtes féroces, et Radama lui-même, cerné dans son palais, était assailli et assassiné.

Il ne faudrait cependant pas croire que les Ramanenjana aient été une épidémie spécialement inventée contre Radama. Elle pourrait bientôt sévir contre les représentants de la France qui, heureusement, sont mieux armés que l'infortuné prince, notre ami. Car ce qu'il y a de plus extraordinaire en cette histoire, c'est que l'épidémie des Ramanenjana a, de temps immémorial, existé à Madagascar. Nos missionnaires l'ont soigneusement décrite.

Ceux qui en sont atteints, et on voit qu'il s'agit souvent de villages entiers, voient des morts, dansent en leur présence et prétendent les suivre. « La crise s'annonce par une violente douleur de tête ; le sang afflue aux membres supérieurs ; le pouls est vif et irrégulier ; le malade passe d'une extrême agitation à une prostration extrême. Il est saisi de frayeurs subites ; ses paroles et ses gestes sont entrecoupés ; à sa démarche on le croirait à moitié ivre. Ses yeux sont hagards et ne s'arrêtent sur rien de ce qui l'entoure. Il semble d'ailleurs n'avoir plus conscience du monde visible, et ne s'occupe que d'un monde invisible avec lequel il se prétend en communication. Souvent il s'entretient avec des interlocuteurs que personne n'entend ni ne voit, se soumet à leurs ordres ou se débat pour y échapper. »

C'est le P. de la Vaissière, un missionnaire qui a passé vingt ans à Madagascar, qui nous donne cette description du mal des Ramanenjana. Et il ajoute que, pendant la crise, toutes les facultés physiques du visionnaire sont surexcitées à un degré inouï. Il danse, sur la crête d'un toit, comme sur un parquet, il marche pieds nus sur les nopals et les euphorbes épineux sans avoir une égratignure ; il ne connaît plus ni peur ni fatigue ; la femme la plus peureuse ira, au loin la nuit, danser sur des tombeaux ; celui qui ne sait pas nager nagera comme un poisson. Chose plus extraordinaire : on a vu des enfants de douze ans décrire à la perfection des personnages, des aïeux qu'ils n'avaient jamais vus ni en nature ni en portrait, et avec qui ils prétendaient causer.

CHAPITRE IV

La découverte de Madagascar. – Premiers essais de colonisation des Portugais, des Anglais et des Hollandais. — Richelieu et le capitaine Rigault. — La Société de l'Orient. —Pronis à Fort-Dauphin ; sa conduite et sa disgrace. — Étienne de Flacourt. — Les premiers missionnaires Lazaristes. — Colbert et Madagascar. — La Compagnie des Indes. — Retour de la colonie à la Couronne. — La Haye à Fort-Dauphin. — Le massacre.

On attribue communément à Marco Polo la découverte de Madagascar. Ce n'est pas cependant l'avis de M. Grandidier qui pense, qu'en indiquant *Madeigascar* à l'attention de l'Europe, le célèbre navigateur corrompait seulement le mot de *Magadicho* nom d'un des comptoirs les plus importants de l'Afrique orientale. Quand Fernand Soarez, le navigateur portugais, découvrit Madagascar le 1er février 1506, il l'appela l'île Saint-Laurent. C'est sous ce nom qu'elle fut inscrite sur son livre de bord — et dès lors seulement, la grande île africaine — où les savants reconnaissent la *Menuthias* des Grecs, la *Cherbezat* d'Edrizi, la *Komr* ou

Djafouna des Arabes fut définitivement signalée au monde chrétien.

Nous n'avons pas à raconter ici les différents essais de colonisation qui, de l'année de la découverte de Soarez (1506) à l'année 1640, furent vainement tentés sur les côtes de Madagascar. Ces essais, à part ceux des Portugais qui, comme le constatent les *Relations de la Compagnie de Jésus* pensèrent à l'évangélisation des Malgaches, ne furent guère que des entreprises commerciales, échouèrent malheureusement. En 1615 ou 1616 les Portugais renoncèrent définitivement à Madagascar. Et de cette date à 1640, on vit les Hollandais et les Anglais, qui se disputaient la mer des Indes, essayer de fonder à leur tour des comptoirs, des établissements sur la grande île africaine. Ils n'eurent pas plus de succès que les Portugais.

Enfin, en 1642, la France entre en scène. Le capitaine Rigault, un Dieppois, propose à Richelieu de coloniser Madagascar. Une *Société de l'Orient* se forme sous les auspices du grand ministre. Une première expédition de colons est décidée. Malheureusement il y avait à Dieppe un petit foyer de protestantisme. Le capitaine Rigault était-il de la religion nouvelle? C'est un point que nous n'avons pu éclaircir. Mais ce qui est certain c'est que cette expédition, faite sous les auspices du Cardinal et sous les couleurs du roi de France, aura pour chef un protestant Prouis qui ne manqua pas d'emmener avec lui quelques coreligionnaires. Aussi, les débuts de l'entreprise ne sont-ils pas des plus heureux. Cependant, dès leur arrivée, les Français avaient construit Fort-Dauphin et occupé plusieurs points de la côte orientale. Mais comment auraient-ils pu gagner du terrain? La discorde est parmi eux. Pendant que les colons sont à la messe dans l'humble chapelle de Fort-Dauphin, Prouis, dans sa maison où il a réuni ses coreligionnaires, prêche, entonne des psaumes, mène un vacarme tel qu'il scandalise ses propres administrés et les Malgaches eux-mêmes, stupéfaits de voir que ceux qui lui apportent la vraie religion des blancs sont précisément divisés par la religion.

Si encore Prouis, en se conduisant de la sorte, s'était montré un homme d'action, un administrateur et surtout un organisateur, on aurait compris le choix dont il avait été honoré pour la direction d'une entreprise aussi difficile. Mais tout ce que les annales de l'époque rapportent sur son compte, établit bien qu'il était fort au-dessous de sa tâche. De caractère emporté, d'humeur querelleuse et despotique, de mœurs déplorables il était pour ses propres administrés un sujet de crainte et un objet de scandale. A cette époque, les communications entre la France et les colonies de la mer des Indes étaient longues et difficiles. On finit cependant par savoir à Paris ce qui se passait à Fort-Dauphin. Les directeurs de la *Société d'Orient,* à laquelle la colonie avait été concédée pour dix ans, rappelèrent Prouis et lui donnèrent comme successeur Étienne de Flacourt. En même temps le Saint-Siège, à la demande de la *Société d'Orient*, chargea saint Vincent de Paul et sa Congrégation naissante de subvenir non seulement aux besoins spirituels de la colonie française à Madagascar, mais encore à l'évangélisation de l'île entière.

Flacourt et les deux premiers envoyés de « M. Vincent, » MM. Nacquart et Gondrée, débarquèrent à Fort-Dauphin le 4 décembre 1648. On les accueillit avec une grande joie. Mais ils trouvaient la colonisation aussi peu avancée que possible. Quant à l'évangélisation elle se réduisait à peu de chose. C'est à peine si les aumôniers de Fort-Dauphin avaient baptisé cinq ou six petits malgaches.

MM. Nacquart et Gondrée se mirent à l'œuvre avec courage. Ils nouèrent des relations avec les indigènes, cherchant à les attirer le plus possible à la chapelle par l'éclat des cérémonies religieuses. Au besoin, ils s'enfonçaient eux-mêmes pour plusieurs jours dans l'intérieur des terres, rendant visite aux principaux chefs.

Dans une de ces visites et de ces courses apostoliques, Gondrée, à la suite d'une imprudence de son zèle, fut pris d'une violente fièvre dysentérique et il ne fut ramené à Fort-Dauphin que pour y mourir.

Cette mort mettait sur les épaules de M. Nacquart un

fardeau écrasant. Il fallait un prêtre au Fort pour le service religieux de la colonie. Le missionnaire ne pouvait donc plus faire que de courtes absences à l'intérieur. Il ne perdit pas courage, trouva le moyen de s'instruire à fond de la langue du pays, et, au milieu d'un labeur sans trêve, composa le premier catéchisme Malgache. A une pareille vie, sous un tel climat, Nacquart devait user promptement ses forces et sa vie. Après avoir bâti une nouvelle église à Fort-Dauphin, baptisé près de deux cents Malgaches et instruit un plus grand nombre de néophytes, l'héroïque missionnaire tomba pour ainsi dire sur la moisson. Aux Français qui l'entouraient il recommanda le Saint Sacrement qu'il laissait dans l'Église. Il n'avait pas passé à Madagascar plus de trois ans. Arrivé en 1648 il mourait en 1651 un peu après la fête de l'Ascension.

Après lui Fort-Dauphin resta alors plus de trois ans sans missionnaire. Ce ne fut qu'en août 1654 que deux autres fils de saint Vincent de Paul : MM. Monnier et Bourdaise arrivèrent de France. Tout le terrain gagné était déjà à moitié perdu. En outre les relations des Français avec les indigènes du pays d'Anossi, où est situé Fort-Dauphin, étaient loin d'être cordiales. Et on allait être bientôt sur un constant pied de guerre. Néanmoins les nouveaux missionnaires que la colonie Flacourt en tête avait accueillis avec honneur purent retrouver bon nombre des Malgaches baptisés par leurs prédécesseurs. Ceux-là leur en amenèrent d'autres et la mission reprenait vigueur quand M. Monnier succomba aux fatigues et à la maladie du pays. Et comme M. Nacquart, M. Bourdaise demeura seul pour faire face aux nécessités de la situation. On avait voulu lui envoyer du renfort, mais tous les missionnaires qu'il attendait ou furent dans l'impossibilité de s'embarquer, ou périrent dans le voyage, ou ne purent rester à Madagascar. Il mourut à son tour en 1657, et de nouveau pendant cinq ans la grande île resta sans apôtre. Ses successeurs furent M. Estienne, M. Manié, le frère Patte et un jeune Malgache élevé à Paris, à Saint-Lazare sous les yeux même de saint Vincent de Paul. Les débuts des nouveaux missionnaires furent encore plus durs que ceux de leurs prédécesseurs. Cinq ans avaient vu bien des ruines dans l'œuvre de l'évangélisation. Tout, pour ainsi dire, était à recommencer. On recommença et la mission redevenait florissante quand M. Estienne, le frère Patte et le catéchiste Malgache, attirés dans une embûche par un petit roi du pays qui prétendait vouloir se convertir, furent traîtreusement assassinés, fournissant ainsi à l'Église ses premiers martyrs du sang sur le sol Malgache.

Resté seul M. Manié ne se découragea point. De Paris du reste on lui promit du secours. Et quand quatre nouveaux missionnaires arrivèrent à Fort-Dauphin ils trouvèrent M. Manié à la tête d'un séminaire en voie de formation et qui contenait déjà une vingtaine de sujets. En outre une sœur Malgache, sœur Saint-Joseph revêtue par M. Manié de l'habit des Filles de la Charité, prodiguait aux malades les soins les plus dévoués.

C'était là des faits qui pouvaient encourager toutes les espérances. Puis il y avait en France un homme de génie qui songeait à faire de Madagascar un joyau colonial de la couronne française. Nous voulons parler de Colbert qui, comme nous l'avons indiqué au commencement de ce livre, s'était décidé de reprendre et à compléter l'œuvre de la *Société d'Orient*. Il avait fourni, à MM. Estienne et Manié une véritable escorte de colons. Il donna à Madagascar le nom d'Ile Dauphine, fit graver sur le sceau du Conseil colonial la devise *France Orientale*. On peut voir au cabinet des médailles celle qu'il fit frapper pour la nouvelle colonie. Elle représente adossé à un arbre de frondaison tropicale un « bœuf à bosse » malgache ou zébu. Autour est gravée l'inscription « *Colonia Madagascarica.* » On put croire alors que sous l'impulsion d'un grand homme la colonisation de la grande île africaine allait prendre un essor définitif.

C'était compter sans les maladresses, les erreurs et les fautes du début. On ne pouvait de Paris remédier à tout. Les moindres communications mettaient un temps infini à arriver. Ni pour leurs premiers établissements, ni pour leur développement, les colons français n'avaient été bien dirigés quand ils voulaient se laisser diriger. On a vu par le choix de Prouis et de ses premiers pionniers que la *Société d'Orient* avait été bien mal inspirée. On aurait dû ou conserver à tout prix de bonnes relations indigènes, ou avoir assez de forces militaires pour les contraindre définitivement au respect et à la soumission. On ne fit ni l'un ni l'autre. Colons et indigènes étaient sans cesse en guerre. Le pays d'Anossi autour de Fort-Dauphin, devint un vrai désert, et la dernière partie de la *Relation* de Flacourt n'est qu'un long récit d'expéditions, de pillages et de tueries. A moins d'un grand effort, la colonisation de Madagascar était devenue impossible. Aussi la *Compagnie des Indes* qui, en 1664, avait succédé à la *Société d'Orient*, restituait à Louis XIV, en 1670, cette colonie dont elle ne pouvait tirer aucun parti sérieux.

Le roi dépêcha alors à Madagascar, à la tête d'une flotte, le lieutenant-général La Haye. Mais ou le choix était par avance détestable, ou il y avait décidément dans l'air de Madagascar quelque chose qui tournait la tête aux administrateurs que la France envoyait là-bas. La Haye déploya un tel despotisme qu'il révolta tout le monde, Français et Malgaches, ce qui acheva de désorganiser la colonie. Un beau jour, les indigènes exaspérés le bloquèrent dans Fort-Dauphin et le massacrèrent ainsi que la plupart des colons français. La France avait alors en Europe des soucis plus pressants que la question de Madagascar. Deux ans après le massacre de Fort-Dauphin, elle prescrivait aux Français d'abandonner l'île inhospitalière. En même temps, la Congrégation de la Mission rappelait ses missionnaires et c'est ainsi que se termina la première tentative de colonisation des Français à Madagascar.

Le lecteur a pu saisir lui-même au cours de ce bref récit les multiples causes de ce lamentable insuccès. La principale est venue des colons eux-mêmes, comme le constatait le second supérieur des Lazaristes, le successeur de saint Vincent de Paul, en rendant compte à sa Congrégation du triste dénouement de l'œuvre poursuivie sur la grande île. Saint Vincent et ses fils, disait ce supérieur M. Almeras, avaient surtout pensé à la conversion de Madagascar. « Mais les missionnaires n'avaient pu faire presque autre chose que de servir de curés aux Français qui y mènent une vie si débordée et si licencieuse, sans aucun respect pour les prêtres, que cela fait pitié. » Ce qui expliquait l'insuccès de l'évangélisation expliquait à bien plus forte raison l'échec de la colonisation.

Car il ne faudrait pas placer ici le fameux cliché : « La France ne sait pas coloniser. » A la même époque, elle « colonisait » ou allait « coloniser » à quelques lieues même de Madagascar, aux îles de France et de Bourbon, aux Indes, à la Louisiane, au Canada, et elle ne devait pas s'en tirer trop mal en vérité. A Madagascar, il y eut dans les premiers éléments de notre colonisation un mauvais levain qui donna de tristes résultats ; il y eut le Malgache et son incroyable corruption ; il y eut le climat ; il y eut enfin cet

Région des forêts. — Une case indigène.

ensemble de causes diaboliques dont nous avons dit un mot déjà et qui travailla encore longtemps à empêcher sur la grande île « le geste de Dieu par les Francs. »

Mais malgré le désastre de Fort-Dauphin, la Royauté française ne voulut pas abandonner devant l'Europe les droits de la France sur Madagascar. Ces droits sont rappelés et affirmés en 1686 par un arrêt du Conseil du roi, en 1720 et en 1725 par des édits royaux qui déclaraient la grande île réunie à la Couronne de France.

Aussi quand vers la moitié du XVIIIe siècle, le roi malgache Ratsimalako fonde chez les Betsimitsarakas la grande tribu de la côte est, un pouvoir qui menace l'existence du royaume Hova, quand le caporal français Labigorne épouse la fille de ce roi Malgache et affermit la puissance de la tribu, quand après lui le Polonais Beniowski se fait élire « grand roi » de « la nation Betsimitsaraka, » c'est vers la France qu'ils se tournent, le roi indigène et les rois aventuriers; c'est par elle qu'ils veulent faire consacrer leur pouvoir. Mais c'est en vain. La France est trop occupée chez elle-même ou ailleurs ; la crise finale du siècle, où tant d'autres choses encore vont sombrer, se prépare. Madagascar est abandonné à ses destinées et Beniowski tombe sous les balles des agents français qui, campés malgré tout sur les côtes de la grande île, l'accusaient de projets trop ambitieux.

Mentionnons cependant un effort de Louis XVI pour relever au moins la mission catholique. Il échoue parce qu'il est plus combattu qu'aidé par l'élément franco-malgache. Cet élément se souciait de faire des esclaves et non des chrétiens. En vain les Lazaristes, installés en sentinelles dans les postes voisins de l'île Bourbon et de l'île de France, tentent de temps à autre des incursions apostoliques à Madagascar. Ils peuvent mourir de la fièvre ou du poison, mais ils ne peuvent triompher de la dureté des cœurs. Et un missionnaire écrit au Ministre de la marine de l'infortuné monarque ces lignes désolées : « Quant à la religion, je n'y vois qu'un obstacle ; l'inconduite de nos Français. »

CHAPITRE V

Au XIXᵉ siècle. — Singulière interprétation du traité de 1814 par sir Robert Farquhar, gouverneur anglais de Maurice. — Fermes réclamations du gouvernement de Bourbon. — Les agissements de Farquhar sur la grande île. — Les intrigues de ses agents à Tananarive — Il obtient des traités. — Radama Iᵉʳ.

Mais voici le XIXᵉ siècle et deux nouveaux ennemis de l'influence française à Madagascar vont entrer en scène.

Par le traité de 1814, qui consacrait les victoires de l'Angleterre, la France lui cédait l'île de France et ses dépendances et gardait l'île Bourbon. Par dépendances de l'île de France on entendait les îles Amirauté ou Seychelles et les îles Rodrigues qui sont des groupes de petites îles situées à une assez jolie distance déjà de l'île de France (aujourd'hui Maurice) mais sans grande importance par leurs ressources et leur population. Or sir Robert Farquhar, nommé gouverneur de Maurice, prétendit que Madagascar était une simple dépendance de cette île, et sans autre forme de procès mit la main sur Port Louquez, le port malgache de la côte nord-est. Le gouverneur de Bourbon protesta contre cette interprétation beaucoup trop large du traité de 1814. Sir Robert Farquhar ne voulut pas démordre de son idée. Et il répondit qu'il agissait sur les instructions de son gouvernement. Il ajoutait même que d'après ces instructions il réclamait tous les droits exclusifs que la France possédait autrefois sur Madagascar.

Le gouvernement de la Restauration, avisé des prétentions du gouverneur de Maurice et de ses agissements, fit parvenir à Londres les plus vives réclamations. Et après pouparlers le cabinet anglais dut s'incliner. Il transmit donc au gouverneur trop zélé l'ordre de restituer aux autorités françaises les établissements que la France possédait à Madagascar au 1er janvier 1792. Mais sir Robert Farquhar ne devait point se considérer comme battu pour si peu. Il écrivit au gouvernement de Bourbon pour lui demander la désignation des établissements ayant appartenu à la France avant 1792, sur la grande île. En même temps, il ajoutait qu'aucun de ces établissements n'avait été pris par les Anglais. Et il concluait avec aplomb que s'étant borné à former des traités d'amitié avec les princes et les naturels du pays et que les ports de Madagascar étant également aux Anglais et aux Français, ils avaient les mêmes droits à y établir des relations commerciales.

La France était alors représentée à Bourbon par M. Laffitte de Courteille et M. Desbassyns de Richemont, l'un gouverneur, l'autre ordonnateur de la colonie. Ils répondirent nettement que sir Robert Farquhar avait lui-même condamné sa cause en réclamant jadis pour l'Angleterre « les droits exclusifs de la France sur Madagascar » quand il soutenait que Madagascar était comprise dans les dépendances de l'île de France. Ils savaient, disaient-ils, que non seulement le gouvernement de Maurice entretenait des rapports politiques avec les chefs de cette île, mais encore qu'il avait chez eux des agents. Et ils déclaraient que la continuation de ces agissements étaient incompatibles avec les droits de souveraineté de la France.

Si le gouvernement français avait énergiquement appuyé ses représentants dans la mer des Indes, sir Robert Farquhar et son gouvernement se seraient cru sans doute tenus à quelque prudence. Mais il ne fit rien ou du moins il tomba avant de rien faire. C'est après sa chute devant la Révolution de 1830 qu'on a su par les actes des Archives qu'après avoir donné l'Algérie à la France il méditait une expédition décisive à Madagascar.

En attendant, sir Robert Farquhar ne s'était point gêné. Avant la protestation du gouvernement de Bourbon, il avait noué d'étroites relations avec le roi des Hovas, avait obtenu qu'il lui envoyât ses deux jeunes frères pour faire leur éducation à Maurice, lui avait ensuite dépêché un ambassadeur, un général anglais Lesage, avec de superbes cadeaux et finalement lui avait fait accepter un espèce de résident ou de consul, le sergent Hastie bien vu à la Cour de Tananarive parce qu'il avait été à Maurice le tuteur et le compagnon des jeunes princes Hovas. Tout cela avait fini par un traité où sir Robert Farquhar promettait à Radama secours et subsides contre ses ennemis. Déjà un peu avant il l'avait poussé à s'emparer de Tamatave qui avait été autrefois occupé par les Français et qui était alors sous le pouvoir de Jean René. Et un sergent anglais avait conduit l'armée hova devant Tamatave et des agents anglais avaient décidé Jean René à accepter la suzeraineté du monarque hova pour rester chef héréditaire de Tamatave.

Après la protestation, sir Robert Facquhar n'en continua pas moins imperturbablement sa politique. Le gouvernement anglais mettait de grosses sommes à sa disposition. Il obtint un traité nouveau en 1820, très supérieur comme avantages à celui de 1817. Et par contre le roi Radama ne se refusait aucune insolence à l'endroit de la France. Nous fûmes sommés de restituer toute la terre de Madagascar au roi des Hovas qui venait à peine d'en conquérir une partie grâce au secours des Anglais. On dirigea des expéditions contre nos établissements commerciaux de la côte est ; un petit corps d'armée hova alla chasser de Fort-Dauphin les cinq soldats et le sous-officier qui gardaient là le drapeau français.

C'est bien de Radama Ier, le quinzième roi de la monarchie hova et qui régna de 1810 à 1828, que date contre nous à Madagascar l'étroite alliance du protestantisme anglais et de l'astuce malgache. Dans la guerre qu'elle nous a faite il y a eu bien des vicissitudes, bien des crises aiguës et des suspensions momentanées, bien des hauts et des bas. Mais jamais jusqu'à nos jours elle n'a désarmé. Même après la reconnaissance par lord Salisbury du protectorat de la France à Madagascar, nous avons vu le méthodisme anglais campé à Tananarive, continuer la campagne. Il n'est même pas sûr que la triomphante entrée du général Duchesne à Tananarive ait mis fin à toutes ses intrigues, à toutes ses espérances.

Mais le plus simple est de rappeler dans un bref aperçu historique les principaux événements qui se sont passés à Madagascar depuis Radama Ier. Ce sera aussi instructif que concluant à tous égards.

CHAPITRE VI

La monarchie hova. — Radama Ier et sa politique anti-française. — Ranavalona Ire. — Règne de la barbarie hova. — Mort cruelle de M. de Solages, missionnaire français. — Expulsion des Méthodistes et des Européens. — Réclamations des Européens. — Bombardements sur la côte Est. — Français et Anglais devant Tamatave. — Reprise des négociations par les Anglais. — Réouverture des ports hova. — Deux Français à Madagascar : MM. de Lastelle et Laborde. — Promesses de l'avenir.

Les Hovas racontent sur l'origine de leur monarchie et les commencements de leur grandeur une foule de légendes et d'histoires qu'il est difficile de contrôler et qu'il n'y aurait pas grand intérêt à rappeler ici. Ce qui est généralement admis dans la grande île c'est que la monarchie hova date de la reine Rafohy (la courte) qui régnait vers 1530, sur le village de Merimanjaka, à deux lieues de Tananarive. Autour de cette humble capitale il y avait quelques hameaux et c'était là tout le royaume. Quand Rafohy mourut on l'ensevelit dans un petit lac situé tout près du coteau où s'élevait Merimanjaka. Elle eut pour successeur sa fille Rangita qui, comme elle, fut ensevelie dans le petit lac, dont les eaux furent désormais sacrées. C'est là que les rois de l'Imérina placent le berceau de leur dynastie ; c'est là qu'ils viennent à leur avènement, offrir des sacrifices à leur aïeule ou à son génie. C'est là enfin qu'on vient tous les ans, pour la fête du *Fandroana*, puiser l'eau du bain où la souveraine trempe tous les ans « la jeunesse et la force de son destin. »

Parmi ces souverains les traditions hovas mentionnent particulièrement : Ralambo, qui institua la fête du *Fandroana*, et Andrianjaka, qui ayant conquis Analanga l'appela Tananarivo (village des mille guerriers) et en fit la capitale de son royaume, et enfin Adrianampoimerina, qui ajouta aux possessions hovas le pays des Betsiléos et des Sihanakas. Or ces pays sont situés immédiatement au-dessus et au-dessous de l'Imérina, preuve que jusqu'alors la puissance des Hovas se limitait aux plateaux du centre. Ce fut Radama Ier, fils d'Adrianampoimerina, qui le premier étendit son pouvoir jusque sur les côtes. A l'est, il rayonna jusqu'à Foulpointe, Tamatave, Fort-Dauphin ; à l'ouest, il conquit après deux expéditions désastreuses chez les Sakalaves, une partie du Ménabé. Nous avons déjà dit à propos des Betsimitarakas, comment il était venu à bout de la longue résistance de ces peuplades en faisant traîtreusement assassiner leurs chefs. Mais ce fut surtout avec l'aide des anglais que Radama put étendre sa domination et augmenter ses états. On a vu le gouverneur Farquhar, au nom de l'Angleterre, nouant d'étroites relations avec le roi malgache et lui fournissant des armes, de l'argent (plus d'un million et demi en 12 ans) et même deux sergents pour former et instruire ses troupes à l'européenne. En retour de ses services, Farquhar obtint du roi malgache deux traités fort avantageux : ceux de 1817 et de 1820. Ce fut donc lui qui, en dépit du désaveu peu sincère infligé à ses prétentions sur Madagascar par le gouvernement anglais, installa à Tananarive l'influence britannique.

Jusqu'à Radama aucun « étranger » n'avait pu pénétrer à Tananarive. Les ambassadeurs de Farquhar, le sergent Hastie et le général Lesage frayèrent la voie. Deux mois après la signature du traité de 1820, obtenu par Lesage, le révérend Jones, missionnaire de la *London Society*, ouvrait la première école protestante de Tananarive. Au reste, dès que la politique n'était plus en jeu, Radama, qui dans ses guerres était facilement cruel, se montrait humain et accueillant pour les étrangers. Il était très attaché au sergent anglais Hastie auquel, quand celui-ci mourut, il fit faire de pompeuses funérailles. Il ne se montra pas moins fidèle à l'affection qu'il avait vouée à deux français : le sergent Robin et le charpentier Legros. Il avait fait de celui-ci son architecte, de celui-là son armurier, et jamais l'armurier et l'architecte n'eurent à se plaindre du roi.

Mais dès qu'il pouvait soupçonner chez ses amis européens la moindre arrière-pensée politique, Radama redevenait immédiatement un hova rusé et méfiant à l'excès à l'endroit des étrangers. Les Anglais avaient jugé utile d'exploiter ses préjugés anti-européens contre les Français pour profiter seuls de la confiance du monarque. Le roi hova fit bien leur jeu contre la France parce que c'était aussi le sien. Dès qu'ils voulurent travailler pour leur compte ils se heurtèrent à toute la méfiance du sauvage. Ainsi ils ne purent, en dépit de toutes les instances et de toutes les avances, le décider à ouvrir une route carrossable entre Tananarive et Tamatave.

— Si pareille route s'ouvrait, répondit-il, les Anglais eux-mêmes ne tarderaient point à s'en servir pour s'emparer du pays.

C'est Radama en effet qui avait coutume de dire que deux généraux protégeraient toujours Tananarive contre toute invasion de l'étranger : le général *Hazo* et le général *Tazo* ; c'est-dire le général la *fièvre* et le général la *forêt*. Et en effet cette double barrière a longtemps suffi pour mettre les *hovas* et les intrigants méthodistes de l'Imérina à l'abri des plus légitimes revendications de la France. Elle ne devait pas suffire toujours.

Radama qui mourut en 1828 des suites d'excès de tout genre eut pour successeur sa veuve qui fut couronnée sous le nom de Ranavalona Ier. Et alors commença pour Madagascar une époque véritablement calamiteuse. Le roi défunt était resté attaché à la religion de ses ancêtres. Mais tout en ne voulant pas de la religion des européens, il s'était en somme montré assez bienveillant pour les personnes. Avec Ranavalona c'était la barbarie hova qui allait régner sans contrepoids. Cruelle, superstitieuse, fanatique de ses idoles, de ses sorciers, des pratiques des ancêtres, elle avait en outre l'horreur des étrangers. Et quand en 1832, M. de Solages, préfet apostolique de l'île Bourbon, voulant courageusement replanter à Madagascar l'étendard du catholicisme, débarqua sur la grande île pour monter jusqu'à Tananarive, un ordre de Ranavalona, excitée d'ailleurs par les méthodistes, arrêta l'héroïque missionnaire à Andevorante, sur une côte malsaine, et l'y fit mourir d'abandon, de privations et de mauvais traitements.

Les méthodistes ne portèrent point, comme on dit, cette belle action au paradis. Trois ans après c'étaient eux-mêmes que la cruelle Ranavalona chassait de Tananarive.

Mais avant de s'en prendre aux méthodistes, la barbare souveraine avait commencé par faire assassiner tous les parents qui lui portaient ombrage. En cela elle agissait selon les traditions de ses prédécesseurs. Là où elle trouva encore moyen de les dépasser, ce fut dans la cruauté qu'elle déploya à l'égard de ses sujets.

Sous Radama Ier on n'appliquait le *tanghen*, sorte de jugement sommaire par le poison, qu'aux esclaves. Ranavalona ordonna que tous les Malgaches y fussent soumis. On n'évalue pas à moins de 200,000 le chiffre des victimes de ses exécutions.

Elle ne regrettait qu'une chose, c'était d'être tenue à plus de ménagement envers les Européens, qu'elle ne pouvait sentir, comme nous l'avons déjà dit. Dès le lendemain de son avènement elle avait déclaré à un agent officiel de l'Angleterre, M. Robert Lyall, arrivé à Tananarive au moment de la mort de Radama, qu'elle n'était pas liée par les engagements de son prédécesseur et qu'elle le renvoyait de son royaume. M. Lyall crut sans doute que les choses s'arrangeraient et ajourna de jour en jour son départ. Mal lui en prit. Un beau jour il fut assailli, dans sa demeure, par une troupe de forcenés et traîné au milieu des traitements les plus épouvantables jusqu'à un village voisin, Ambohipeno, où on l'obligea à faire réparation devant une idole qu'il avait, prétendait-on, insulté par son insolence. Lyall sortit fou de ces épouvantables scènes, et s'en alla mourir à l'île Maurice.

C'était clair. Ranavalona ne voulait point des Européens à Madagascar. Et elle ne tarda pas à publier un édit enjoignant à tous les étrangers d'accepter la loi du royaume s'ils voulaient y demeurer. Ou ils consentiraient à être passibles comme tous les sujets de la reine, du *tanghen*, de la corvée, et soumis à toutes les autorités hovas où ils sortiraient du pays. Quinze jours leur étaient donnés pour faire leur choix. Ce délai passé, s'ils n'offraient pas leur démission, ils seraient chassés et leurs biens seraient livrés au pillage.

En vain les traitants européens protestèrent avec énergie contre ces prétentions inattendues du gouvernement hova. Leurs réclamations ne furent pas écoutées ; on leur répondit que les Hovas leur ayant donné l'autorisation de s'établir à Madagascar, étaient bien maîtres de la retirer. Et les Européens n'ayant pas fait leur soumission les pillages commencèrent dans toute l'île.

En même temps qu'à la reine, les traitants avaient fait appel à leurs gouvernements respectifs. M. Romain Desfossés, qui commandait la station navale des côtes d'Afrique, ne put sans agir assister à ce déchaînement d'horreurs. Il s'entendit avec le capitaine Kelly, qui commandait alors le *Couway* en rade de Tamatave, et tous les deux se décidèrent à essayer de prendre Tamatave. Malheureusement ils ne disposaient que d'un petit corps de débarquement de trois cents hommes. L'assaut fut repoussé, et, manquant d'ailleurs de cartouches, le petit corps de débarquement anglo-français dût regagner les navires laissant une poignée de morts au pouvoir des Hovas. Le lendemain, dix-huit têtes d'Européens furent plantées sur des palissades. Et ce fut un second échec qui encouragea les Hovas dans leur présomptueuse arrogance.

Déjà, en 1829, la France avait essayé d'obtenir satisfaction des procédés de Radama à l'égard de ses sujets, et le commandant Gourbeyre avait bombardé, plus ou moins heureusement, quelques forts de la côte est. Mais la démonstration avait été insuffisante comme d'habitude. Puis la révolution de 1830 était survenue au moment où le gouvernement de Charles X se proposait d'ajouter la conquête de Madagascar à celle de l'Algérie, et la France avait eu assez de mal à s'occuper de ses propres affaires. L'action insuffisante du commandant Romain Desfossés ne tombait pas beaucoup mieux. On était à la veille de la révolution de 1848. Les ministères craignaient de faire le jeu de l'opposition, en demandant des crédits de guerre et en mécontentant l'Angleterre. Et toute action sérieuse contre les Hovas fut ajournée à des temps meilleurs. L'Angleterre, elle n'eut garde de venger l'échec du capitaine Kelly qui, en s'associant aux Français, était sorti de la politique anglaise à l'égard des Hovas. Quatre navires anglais furent envoyés à Tamatave, non pour rouvrir les hostilités mais pour appuyer une reprise des négociations.

Ce bon procédé ne gagna d'ailleurs pas la reine Ranavalona qui, au milieu de ses pratiques barbares, de ses sorciers, ne s'occupait que de « saigner » son peuple, de changer de ministres-maris et de vénérer ses idoles. Ses ports restèrent fermés aux Européens jusqu'en 1853, époque à laquelle une somme de 15,000 piastres, offerte par les commerçants mauriciens au ministre favori d'alors, amenèrent une reprise de relations avec les ports de la côte Est.

Région côtière. — La piste entre l'Océan et les lagunes.

Il ne s'agissait, bien entendu, que de relations commerciales. Tananarive restait fermé aux Européens, et la reine Ranavalona y continuait le cours de ses cruautés.

Et cependant c'était sous cette reine cruelle que le catholicisme devait reparaître à Madagascar, non plus seulement pour rester sur des points isolés, comme autrefois à

Fort-Dauphin, mais encore pour pénétrer jusqu'au centre même de l'Imérina. Mais disons, ici, un mot des hommes et des événements qui, malgré tout, travaillèrent à ce résultat providentiel.

Deux Français, en dépit des persécutions de Ranavalona contre les Européens, s'étaient maintenus à Madagascar non seulement comme des étrangers tolérés, mais encore comme des amis et des conseillers de la reine. L'un était M. de Lastelle, un capitaine de Saint-Malo; l'autre M. Laborde un Gascon d'Auch qui, lors d'un voyage qui le ramenait des Indes, avait été jeté, par un naufrage, sur la côte Malgache.

M. de Lastelle, établi à Tamatave vers 1825, avait fondé là de grands établissements dont il partageait le produit avec la Reine qui lui était reconnaissante et de son habileté et de sa probité. Quand la Providence lui adressa M. Laborde, il fut séduit par l'intelligence et les qualités de cet hôte qu'un naufrage lui conduisait. Justement la reine avait besoin d'un ingénieur, et à ce titre M. Laborde pouvait lui rendre de grands services. Il recommanda donc à Ranavalona son nouvel ami. Et en effet, M. Laborde se rendit tellement utile à la souveraine et lui donna une si haute idée de ses mérites et de ses qualités, qu'elle voulut l'attacher pour toujours à son service.

Tels furent ces deux hommes qui, en dépit de la barbarie hova et des manœuvres méthodistes, gardèrent le respect du gouvernement de Tananarive et préparèrent pour ainsi dire le terrain à l'influence française.

Mais leurs services peut-être eussent été inutiles si la Providence n'avait placé plus près encore du trône un homme qui devait être leur soutien et leur ami. Et cet homme n'était rien moins que le fils unique de la Reine, le prince Rakoto, qui, au contraire de sa mère, professait un grand goût pour les Européens et n'aimait rien tant que leurs usages, leurs modes et leurs idées.

En outre, comme pour répondre à ce travail intérieur qui, en dépit des ennemis de la France, préparait l'entrée en scène du catholicisme à Madagascar, un autre travail s'opérait au dehors sous le triple rapport religieux, politique et commercial. Le commerce devait encore avoir des déboires sérieux ; la politique allait encore échouer malencontreusement ; la religion, au contraire, au prix de bien des épreuves, de bien des désillusions, de bien des sacrifices, allait définitivement s'implanter sur le sol malgache au milieu des plateaux de l'Imérina, et ajouter malgré tout, un nouveau chapitre aux *Gesta Dei per Francos*.

CHAPITRE VII

M. Dalmond et les jésuites à Madagascar. — A Saint-Augustin. — Dans les petites îles. — La Compagnie de Jésus chargée de la mission de Madagascar. — Premiers plans déjoués. — Descente du Père Jouen chez les Sakalaves. — Mission de Baly. — Le prince Rakoto et les missionnaires. — Entreprise de M. Lambert. — MM. Laborde et de Lastelle. — Le Père Finaz à Tananarive. — Ranavalona et son fils. — Première messe à Tananarive. — Mort de Ranavalona. — Avènement de Rakoto. — Sa mort.

La mort affreuse de M. de Solages (1831), n'avait pas découragé les missionnaires français qui, postés dans l'île voisine de Bourbon, ne désespéraient pas de trouver une occasion favorable pour aller porter l'Evangile à Madagascar. L'un d'eux, M. Dalmond, qui avait accompagné M. de Solages lors de son voyage de France à Bourbon, était particulièrement préoccupé de ce projet. Il avait du reste évangélisé heureusement les petites îles. C'est même lui qui négocia le traité par lequel la reine Sakalave Tsiomeko donnait Nossi-Bé à la France.

Comme son maître et ami, M. de Solages, l'ancien vicaire

général de Pamiers, M. Dalmond jugeait que des efforts isolés ne produiraient jamais de résultats sérieux. Pour évangéliser Madagascar il fallait l'effort, la durée, les ressources d'une congrégation de France. Mais là où M. de Solages avait échoué, pouvait-il espérer qu'il réussirait ? Il se décida cependant à tenter l'aventure, et il partit pour l'Europe. Après divers insuccès il vit à Lyon le P. Maillard, provincial des Jésuites, à Rome le P. Roothanleur, père général, et gagna son procès. Six missionnaires jésuites le suivirent à Bourbon où entre autres établissements ils devaient bientôt fonder, grâce à la générosité des familles de Villèle et de Richemont, la fameuse institution de la Ressource. Là bon nombre de jeunes malgaches furent plus tard élevés chrétiennement dans l'amour de la France pour former à Madagascar un noyau de familles chrétiennes.

Avec les six jésuites, M. Dalmond avait réussi à entraîner plusieurs prêtres séculiers ou membres de la congrégation du Saint-Esprit, gagnés par son zèle apostolique. Nommons entre autres MM. Monnet, Webber et Richard. Telle était la petite phalange dévouée qui comptait faire pénétrer dans le Royaume de Ranavalona la lumière de l'Evangile. On était en 1844. Il ne fallait pas songer à entrer dans les ports hovas impitoyablement fermés aux missionnaires. Mais il y avait sur les côtes de la « Grande Terre » des parties tout à fait indépendantes du joug hova.

Il y avait surtout les petites îles du nord-ouest, près de la côte Sakalave, par où les intrépides soldats de la foi pouvaient essayer de conquérir comme travaux d'approches, des postes précieux sur la frontière interdite.

Les missionnaires se partagèrent donc en deux groupes ; l'un devait s'établir aux petites îles, vers la côte nord-ouest, l'autre, dirigé par M. Dalmond, se réserva la baie de Saint-Augustin au sud-ouest.

En vertu de cet arrangement, M. Dalmond et trois autres missionnaires débarquaient d'une corvette française à Saint-Augustin en juin 1845. Ils furent d'abord bien accueillis par les indigènes à Saint-Augustin et à Tolia et commençaient à fonder les plus belles espérances sur leur mission. En effet, des villages entiers demandaient qu'on s'installât chez eux. Parmi les chefs c'était à qui sollicitait l'honneur de recevoir les robes noires. Un baleinier américain qui portait des méthodistes survint tout à coup et gâta les affaires. Par jalousie politique ou par jalousie religieuse ils dépeignirent les prêtres français sous les plus sombres couleurs aux indigènes. Et du jour au lendemain tout changea à l'égard des missionnaires. Ceux qui les avaient accueillis d'abord avec tant de confiance les regardèrent tout à coup comme des traîtres, comme des ennemis très dangereux. On leur reprocha de vouloir mal de mort aux habitants de la baie, de méditer le projet de les livrer aux Hovas ; on alla jusqu'à leur dire : « Les Français sont de petites gens ; les Anglais seuls peuvent nous défendre. » De tels propos trahissaient leur source. Du reste on ne s'en tint pas aux propos. Les enfants fuyaient la présence des missionnaires. Les hommes les menaçaient de leurs armes. Finalement on signifia à M. Dalmond l'ordre de partir. Et comme il n'obéissait pas assez vite, des centaines de guerriers font le siège de sa case et la détruisent. Il n'y avait plus à espérer d'avoir raison de cette hostilité. Tristement M. Dalmond et ses compagnons se résignèrent à abandonner cette côte inhospitalière. Leur épreuve avait duré trois mois.

Ils ne rentraient à Bourbon que pour reprendre la route des petites îles. Puisque le sud de Madagascar leur était fermé, on entamerait la grande île par le nord, où, en effet, les missionnaires devaient plus tard pénétrer par Nossi-Bé. Mais cela ne vint pas tout de suite. Longtemps occupés à l'apostolat des petites îles, ils devaient considérer la grande terre comme « une terre promise » où l'ennemi ne leur permettait pas d'aborder : M. Dalmond, chargé de mérites et d'œuvres, mourut au milieu de ses Malgaches à Sainte-Marie.

En 1850, la Compagnie de Jésus reçut la charge exclusive de la mission de Madagascar, et y eût ses deux premiers préfets apostoliques, le P. Jouen et le P. Finaz. Et c'est en eux et par eux que le catholicisme devait arriver jusqu'à Tananarive.

Ils n'arrivèrent pas pourtant du premier coup au but tant désiré. Le premier moyen sur lequel le P. Jouen avait compté lui manqua pour ainsi dire dans la main. Il lui avait été fourni par M. de Lastelle, le Français dévoué qui, dans la grande île, ne perdait de vue ni l'intérêt de la France ni celui de la religion. Ranavalona avait alors comme premier ministre et époux Rainiharo sur lequel M. de Lastelle possédait une certaine influence. Il avait été convenu entre lui et M. de Lastelle d'abord, entre celui-ci et le P. Jouen ensuite qu'un missionnaire jésuite pénétrerait dans la grande Terre comme employé de M. de Lastelle. Il serait habillé en laïque ; il passerait quelque temps chez M. de Lastelle dans les établissements de la côte; on ne parlerait ni de sa venue, ni de sa mission. Plus tard, il irait dans l'intérieur, non loin de Tananarive, et en attendant l'heure favorable, il préparerait les voies, étudierait les habitants et le pays et l'occasion aidant, il chercherait à se concilier l'affection du prince Rakoto qu'on savait merveilleusement disposé pour les Français. Surtout il devait s'abstenir de toute imprudence, la reine Ranavalona, n'entendant point souffrir la présence d'un missionnaire en son royaume.

Pour cette périlleuse et délicate mission, le P. Jouen avait choisi le P. Mathieu qui venait de débarquer sur la grande île quand Rainiharo mourut. Et cette mort détruisit le plan imaginé par M. de Lastelle.

Mais puisque les ports hovas lui restaient fermés, il y avait sur la côte des points où les Hovas n'étaient point les maîtres et où les Français pouvaient pénétrer. Et le P. Jouen se décida pour la baie de Baly où régnait le vieux roi Raboky, ami des blancs, et qui avait jadis conclu un traité d'alliance avec un commandant français. Il fit sonder le roi Sakalave et l'ayant trouvé bien disposé, il s'embarqua pour la côte de Baly et quelques jours après, avec deux autres missionnaires, il était installé sur la grande terre. Il faut voir dans es lettres du P. Jouen la joie qu'il a enfin de prendre pied s ur la grande terre au nom de la religion et de la France, et l'accueil parfait que lui fait le vieux roi, et la description des mœurs et des usages des Sakalaves. Justement il tombait chez eux au milieu d'une attaque des Hovas — et le navire français qui le débarquait, faisait fuir par sa seule présence des boutres hovas pendant que par terre les guerriers Sakalaves repoussaient sans grande peine les troupes de Ranavalona.

Désormais, c'est en vain que la reine des Hovas, malgré l'échec de ses soldats fait sommer les Européens de quitter la côte de Baly où ils sont en sûreté au milieu des Sakalaves, désireux de garder les « blancs » pour attirer les navires plutôt que pour suivre leurs leçons ; c'est en vain que les traitants anglais accordent à la reine Ranavalona que les navires de commerce fuiront Baly et tous les ports non hovas; c'est en vain enfin que, méthodistes et agents anglais travailleront pour le hova contre les missionnaires français. L'heure de la Providence a sonné et elle appelle les Apôtres à Tananarive. Le prince Rakoto a entendu parler des missionnaires français de Baly. Il leur dépêche six émissaires en ambassade. Ces émissaires, à la vérité, sont faits prisonniers chez les Sakalaves et réduits en esclavage. Mais les missionnaires sont mis au courant de l'histoire. Ils trouvent ces esclaves, les rachètent, et le P. Jouen entre en relations avec l'héritier du trône hova. Il a désormais, à Tananarive, un ami qui attendra ses missionnaires. En même temps, un grand négociant français, M. Lambert, un Breton, qui dirige d'importantes entreprises à Maurice, à Bourbon, à Madagascar, a formé le projet de visiter quelques points sur les côtes de Madagascar avant d'aller lui-même en France parler à l'Empereur et à ses ministres de cette grosse question de la grande île où les Anglais veulent à tout prix nous supplanter. Il s'en ouvre d'abord au P. Jouen, puis à M. de Lastelle, qui, ravi de ses projets, se fait fier de lui obtenir la permission de monter à Tananarive. Il demande à M. Lambert son bateau à vapeur, fait porter des vivres aux Hovas affamés dans Mazangaye, expose à la reine l'importance de ce service, et en reconnaissance Ranavalona permet que M. Lambert, accompagné du P. Finaz, qu'il présente comme artiste et comme savant, viennent passer un mois à Tananarive.

Ce fut donc comme artiste, comme savant et surtout comme secrétaire de M. Lambert que le premier missionnaire français put pénétrer à Tananarive. Deux hommes à Madagascar étaient particulièrement heureux de cet événement. Nous voulons parler de MM. Laborde et de Lastelle. Comme son compatriote breton M. Laborde avait fait dans la grande île, grâce à son intelligence et à son activité, une fortune considérable. Ils n'avaient ni l'un ni l'autre aucune ambition politique. Mais leur désir le plus cher était de voir le protectorat de la France établi définitivement sur Madagascar. Si jamais la patrie tire orgueil et profit de la belle colonie que la valeur de nos soldats vient de lui donner, si plus tard on consacre un monument aux bons Français qui ont préparé cette laborieuse conquête on devra y faire une place d'honneur à Lastelle et à Laborde. Tous les deux avaient appris avec joie les projets de M. Lambert ; et ils s'employèrent de tout leur cœur à les seconder. Ils avaient, on le sait, un allié puissant à Tananarive, le prince Rakoto, qui professait une particulière affection pour les deux Français. Déjà sous leur inspiration le jeune prince avait écrit à l'empereur de France pour lui demander sa protection et son amitié. Il exprimait même le désir que par une intervention amicale le puissant monarque des Français délivrât l'infortuné peuple Malgache de l'affreuse tyrannie que faisaient peser sur lui les ministres époux de la reine.

Dans M. Lambert, MM. Laborde et de Lastelle devaient donc voir un envoyé providentiel qui porterait en personne aux Tuileries un tableau exact de la situation à Madagascar, et un écho fidèle des généreuses aspirations du prince héritier.

Le P. Finaz et M. Lambert après le voyage le plus heureux du monde arrivèrent à Tananarive le 13 juin 1855. Ils tombaient juste pendant la fête du *Faudroana* et la reine leur fit dire qu'elle était trop occupée pour les recevoir de quelques jours. En attendant elle s'informait de leur santé et leur présentait ses meilleurs souhaits. Mais le prince héritier était bien autrement pressé de voir les blancs. Sa mère ne voulait pas qu'il devançât la visite officielle que lui devaient les voyageurs et qui se trouvait forcément retardée. Au bout d'un jour de consigne il n'y tint plus. Et à la tombée de la nuit il se présentait avec deux officiers à la maison de M. Laborde pour saluer le P. Finaz et M. Lambert. Les deux Français n'étaient pas sans inquiétude sur cette équipée. M. Laborde les rassura. La reine idolâtrait ce fils unique et lui passait toutes ses fantaisies.

L'entrevue fut très cordiale et même très affectueuse. Le P. Finaz a tracé de Rakoto un portrait vraiment aimable :

« Le prince est petit de taille ; sa physionomie est européenne ; il met de l'expression dans tout ce qu'il dit, se lève à tout moment de son siège et s'avance vers son interlocuteur comme pour faire passer en lui, avec des gestes naturels et forts, toute l'énergie des sentiments exprimés dans son discours. Sa soif de civilisation lui fait prendre quelquefois l'apparence pour la réalité ; et puis son cœur l'emporte, il ne sait pas se défier de la malice humaine et ne saurait se figurer qu'on peut lui nuire. »

Le prince constituait d'ailleurs un second pouvoir dans l'Etat. Protégé par l'idolâtrie de sa mère il avait pris à tâche de corriger les abus du régime maternel. Entouré d'une troupe de jeunes gens, les *Menamasos* vêtus à l'Européenne et qui étaient exclusivement voués à son service, il allait partout; ouvrant les prisons, brisant les fers des condamnés, surveillant au besoin l'administration du *tanghen* qui en présence de Rakoto ou de ses *Menamaso* devenait un aliment inoffensif. Nous avons signalé déjà les cruautés et les persécutions du règne de Ranavalona. Le rôle de Rakoto et de ses *Menamaso* n'était donc pas une sinécure. Et s'il mécontentait le vieux parti Malgache il avait pour lui l'affection et la reconnaissance d'une masse de partisans dont la seule crainte était qu'on ne l'empêchât de régner en l'assassinant. Quand on parlait de cela à Rakoto : « On n'oserait pas, » répondait-il.

Six jours après l'arrivée des deux Français, la reine les reçut en audience solennelle. Elle était pénétrée de la puissance et de la fortune de M. Lambert qui, comme un monarque avait pu lui prêter un bateau à vapeur. Elle tint à ce qu'une série de fêtes eut lieu en son honneur et cela débute par un immense dîner pour lequel dix jours auparavant 800 hommes avaient été envoyés dans toutes les directions afin de rapporter de tous les produits de la terre et des eaux de Madagascar. Le menu ne comporta pas moins de 150 plats et au bout d'une séance de cinq heures, M. Lambert éprouva le besoin de prendre l'air. On n'était qu'au quart du dîner qui avait commencé à une heure. Mais, par égard pour M. Lambert qui avait prétexté un peu de fièvre, on pressa le service et vers onze heures et demie il put se retirer.

La première entrevue de Rakoto avait eu lieu le 15 juin. Le 8 juillet la première messe catholique qui eut encore été dite à Tananarive avait lieu dans la maison de M. Laborde et le jeune prince avec sa femme y assistaient. Et le lendemain M. Lambert, laissant derrière lui le P. Finaz que la reine demandait à garder à la demande de son fils, partait pour la France. Il emportait une charte qui lui octroyait le droit de fonder à Madagascar une compagnie française qui introduirait dans le pays les capitaux et l'industrie de l'Europe. La compagnie devait exploiter les mines moyennant l'attribution à l'Etat d'un dixième du revenu. En outre, les terrains inoccupés de Madagascar et deux ports étaient concédés à la compagnie à charge d'attribuer au gouvernement un dixième du produit.

Muni de tels avantages pour la colonisation française et appuyé par les lettres de Rakoto, M. Lambert croyait trouver à Paris un accueil encourageant. Mais Napoléon III songeait bien à Madagascar? Ce qu'il lui fallait c'était l'entente avec l'Angleterre.

Il répondit à M. Lambert qu'il ne ferait rien sans l'assentiment de l'Angleterre. Et ce fut l'envoyé de Rakoto qui se chargea d'aller plaider à Londres la cause de Madagascar. Lord Clarendon, avec qui M. Lambert eut à traiter, ne voulut pas entendre parler d'un protectorat français sur la grande île. Il n'admettait pas davantage un protectorat franco-anglais. Ce qu'il fallait à l'Angleterre, c'était Madagascar aux Anglais. Napoléon III se sentit paralysé. Et lord Clarendon dépêcha à Madagascar, sans papiers officiels mais avec une mission formelle, le pasteur méthodiste William Ellis.

Ellis ne manqua point de représenter à Ranavolona M. Lambert comme un traître qui voulait le détrôner de concert avec son propre fils. C'était lui qui abusait en traître des ouvertures de M. Lambert à lord Clarendon.

Mais la vieille reine, malgré sa méfiance soupçonneuse, ne se prêta point à l'influence d'Ellis. Elle jugea au contraire qu'une si mauvaise action ne pouvait être désintéressée. Et au bout d'un mois Ellis fut prié de quitter Tananarive. En même temps, comme pour augmenter le dépit des amis d'Ellis, la reine recevait à Tananarive le Dr Milhet Foutarabie de l'Ile Bourbon, qui venait à sa demande opérer dans sa capitale le frère de son premier ministre, avec le P. Jouen et le P. Webber, qui en qualité d'assistant accompagnaient le médecin français.

Cette seconde petite mission française fut aussi heureuse que la première. Le frère du premier ministre fut opéré et guéri. Le prince Rakoto devint encore plus fier de ses amis les blancs. Lui connaissait la qualité des deux aides du Dr Milhet et ne leur en témoignait que plus d'affection. Le P. Jouen lui apportait d'ailleurs une grande joie. Il était chargé d'une lettre de Pie IX qui bénissait le jeune prince pour ses bons offices à l'égard de la religion.

Et cependant on allait entrer dans la partie la plus odieuse du règne de Ranavolona. La reine, en vieillissant, semblait obéir de plus en plus à ses superstitions dont son entourage profitait pour exciter sa sévérité et s'enrichir des dépouilles des victimes. Par centaines les malgaches étaient condamnés au *tanghem;* par milliers ils étaient massacrés, suppliciés ou réduits en esclavage.

Au milieu de ces horreurs, M. Lambert annonça son retour. Accueilli avec magnificence, il apportait au prince Rakoto la confirmation de son échec dans ses projets politiques. Il y eut un véritable accès de découragement chez le prince et ses partisans, qui décidèrent alors qu'ils se délivreraient eux-mêmes de la tyrannie du cupide et féroce Rainijohary.

Tirailleur Sakalave.

Le gros de ces partisans d'un nouvel ordre de chose s'appelait le *Parti de la Prière* ou les *Priants*. Dominés par des ministres protestants, ils ne songeaient certes pas à agir au profit de la cause catholique. Leur programme était simplement de se débarrasser du féroce Rainijohary, de forcer la reine à prendre une autre direction, et si elle n'y consentait pas, de gouverner sans elle. Tous les européens, tous les malgaches éclairés de l'Imérina étaient favorables au mouvement.

Rakoto lui-même l'acceptait, à la condition qu'il se passerait sans effusion de sang et qu'il n'y participerait point. Et le mouvement allait réussir quand un ministre indigène de la religion réformée alla le dénoncer à Rainijohary. Pour qui avait-il opéré? On ne sait. Mais ce qui est un sûr, c'est qu'un pasteur méthodiste anglais avait débarqué à Tamatave et écrit aux chefs des priants « qu'ils allaient servir les intérêts de la France et travailler pour le catholicisme. »

Rainijohary se vengea terriblement de la frayeur qu'il avait eue en apprenant le danger qu'avait couru son pouvoir. Il se livra à une véritable folie de supplices, d'exécutions et de confiscations. Et selon la méthode ordinaire, tous les européens furent de nouveau bannis de Tananarive à la grande douleur de Rakoto. M. Laborde lui-même ne fut pas épargné. Mais Ranavalona, âgée de 84 ans, était heureusement au terme de son pouvoir et de sa vie. Elle mourait le 16 août 1861, et le prince Rakoto, que les partisans du premier ministre essayèrent vainement de faire assassiner, fut porté par le peuple au pouvoir sous le nom de Radama.

Radama II ne justifia pas toutes les espérances que le prince Rakoto avait fait espérer. Déjà avant son avènement il avait un peu changé. Il resta épris de la civilisation européenne, mais avec un manque de bon sens qui étonna ses amis. Il fut d'ailleurs toujours bon et juste et fidèle à ses amis. Pour son couronnement il voulut assister avec sa femme à une messe célébrée à cette intention par le P. Jouen. Il favorisa de tout son cœur le développement des missions. Il favorisa aussi les protestants. Mais pour les méthodistes étroits et sectaires que nous avons déjà vus à l'œuvre, ce n'était pas assez qu'il donnât toute liberté aux protestants. Du moment qu'il aimait les français et les catholiques, son règne menaçait d'être un désastre pour l'influence du protestantisme. Il fallait donc qu'il fut abrégé. Ellis était revenu s'installer à Madagascar avec un nombreux cortège d'agents, une imprimerie, une allocation annuelle de 300,000 francs fournie par la Société des Missionnaires de Londres et une dotation extraordinaire du gouvernement anglais qui monta à un million trois cents mille francs. Il se mit à l'œuvre, et quoique favorablement accueilli par le roi, travailla tout de suite à saper son pouvoir en fomentant le mécontentement et l'inquiétude, en se faisant l'allié du vieux parti malgache et particulièrement des deux fils de l'ancien ministre Rainijohary, Rainivoninahitriony et Rainilaiarivony.

Et pour lutter contre l'orage qui se formait, Radama ne

pouvait compter que sur la mission catholique. M. Lambert revenu, avait vu confirmer son traité en 1862. Mais Napoléon abandonnait Radama aux méthodistes, au vieux parti malgache sur lequel Ellis ne comptait pas en vain. Un an plus tard éclatait en effet la conspiration étrange des *Ramanenja* dont nous avons déjà parlé.

Et dans son palais entouré par des conjurés avec lequel Ellis était en communications fréquentes pendant cette crise suprême, Radama était traqué et assassiné par les chefs de la Conjuration, les deux fils de Rainijohary. Qu'on ne nous accuse pas ici de charger sur de simples apparences le pasteur Ellis, parce que nous voyons en lui un adversaire de nos consuls. Son propre consul, M. Pakenham, a dit un jour au P. Roblet : « Je n'ai pas prétendu qu'Ellis ait tué Radama. J'ai soutenu que sans Ellis on ne l'aurait pas tué. »

Aussitôt après le meurtre de Radama, sa veuve fut proclamée reine sous le nom de Rasohérina. Et un des meurtriers, Rainivoninahitriony se proclama lui-même premier ministre et époux de la reine. C'était un « vieux malgache » cupide, brutal et ivrogne. Il ne tarda pas à se faire détester, et un beau jour une autre conjuration le précipitait du pouvoir. Mais saluons ! Le chef de cette nouvelle conjuration sera précisément son propre frère Rainilaiarivony, celui-là même que le général Duchesne vient

« d'interner » sur la Grande Ile, qui, depuis trente-trois ans, a usé trois reines et a été le vrai maître de Madagascar. Et le suprême duel entre l'astuce du hova et la longue patience de la France va commencer.

CHAPITRE VIII

La succession de Radama II. — Refus de reconnaître le traité français. — Patience de Napoléon III. — L'*ultimatum* du commandant Dupré. — Ambassade hova à Londres et à Paris. — Le premier ministre Rainivoninahitriony renversé et remplacé par son frère Rainilaiarivony. — Première tactique. — Nouveau traité français. — Mort de Rasoherina. — Ranavalona II. — Succès de la mission catholique malgré les persécutions.

En supprimant Radama, à cause de son amitié pour la France, les meurtriers avaient prétendu qu'ils avaient la nation avec eux. Cependant le monarque assassiné avait gardé des amis, des partisans qui soutenaient que Radama n'était pas mort, qu'on l'avait enchaîné et enfermé dans une prison et des partis se formaient pour le délivrer. Rainivoninahitriony, un des deux chefs des assassins qui s'était hâté d'élever au pouvoir la veuve de Radama sous le nom de Rasohérina, en se proclamant lui-même premier ministre et époux de la reine, étouffa dans le sang ces velléités de soulèvement.

Jusqu'alors, à Madagascar, les ministres n'avaient été

que les premiers serviteurs de la Royauté. Désormais ils vont en être les maîtres et les dispensateurs. Rasohérina était sympathique aux Français, aux catholiques. Et néanmoins c'est contre eux que va être tournée la politique de son ministre. La jalousie méthodiste n'ayant point collaboré, avec la barbarie hova, à cette révolution de Palais pour le simple amour de l'art, on commença par déclarer que le gouvernement n'était pas lié par les traités de Radama. C'était anéantir d'un trait de plume la charte de M. Lambert et des Français. Mais c'était aussi courir peut-être au-devant d'une guerre avec la France.

Malheureusement Napoléon III était toujours paralysé par « l'entente cordiale » et il craignait par dessus tout de mécontenter l'Angleterre. Il avait bien signé la charte Lambert qui affirmait la prépondérance de la France sur la Grande Ile. Il avait même chargé le commandant Dupré de la rapporter à Madagascar. Et M. Lambert, couvert par l'approbation impériale, n'avait pas hésité à faire transporter à Madagascar des escouades d'ingénieurs et d'ouvriers pour l'exploitation des terres concédées par la charte. L'insolence du ministre hova, refusant tranquillement de reconnaître la charte Lambert, méritait un châtiment sévère. Il en fut quitte pour un *ultimatum* du commandant Dupré qu'il rejeta sans autre forme de procès. Puis comme le commandant avait demandé à Paris d'autres instructions pour agir plus vigoureusement, le gouvernement hova dépêcha en Europe une mission qui alla à Paris par Londres. A Londres, elle mit secrètement Madagascar sous le protectorat de l'Angleterre. A Paris, l'empereur déclara qu'il ne la recevrait pas et qu'il ne reprendrait les négociations avec le gouvernement hova que quand une indemnité serait payée à M. Lambert. C'était passer l'éponge sur la charte ; la politique du méthodiste et du hova l'emportait sur la France.

Mais pour Rainivoninahitriony ce n'était pas encore assez de travailler contre la France. Il voulut travailler plus ouvertement pour son ami Ellis qui rêvait tout haut d'établir le méthodisme comme religion d'État à Madagascar (1). Il se déclara méthodiste et, en qualité de chef de l'armée, il fit défense à tout soldat d'embrasser « la religion des Français. »

Il songea même à proscrire entièrement le catholicisme de Madagascar ; c'était tellement gros, tellement dangereux qu'il recula. Faute de mieux, il organisa une persécution sourde contre les missionnaires et contre leurs écoles où il cherchait à faire le vide puisqu'il ne pouvait les détruire.

Au fond son méthodisme se composait pour « tout potaige » de sa haine contre les Français. Rien n'était moins édifiant

(1) Dès le mois de Décembre on avait connaissance d'un plan d'église d'État combiné entre Ellis et Rainivoninahitriony.

que ce sauvage, cupide, ivrogne et brutal dont tout le monde, à commencer par la reine, avait l'horreur et le dégoût. Un mouvement populaire se dessina contre lui. Son frère, Rainilaiarivony, qui avait participé avec lui au meurtre de Radama, prit la direction du mouvement et monta à son tour au pouvoir après avoir, sans le moindre respect, renversé et emprisonné son aîné.

La mission catholique avait été durement éprouvée sous Rainivoninahitriony. Persécutée dans ses œuvres, dans ses écoles, elle n'avait pas cependant perdu courage. Même quand, sous la menace de l'*ultimatum* du commandant Dupré, le gouvernement hova avait proclamé qu'au premier coup de canon les têtes de tous les Français tomberaient à Tananarive, elle n'avait pas voulu quitter la capitale. Sans grand espoir du côté de la France, mais ne voulant pas quand même désespérer de la patrie, sûre au fond de la sympathie de la reine, elle tint tête intrépidement au ministre barbare, aux méthodistes acharnés à sa perte. Elle se considérait comme attachée à un poste d'honneur et de danger et ne voulait pas le quitter. D'ailleurs, malgré tout, elle gagnait du terrain, faisant de précieuses recrues, augmentant ses stations, agrandissant ses écoles. Grâce à elle la religion et le souvenir de la France gardaient leur rôle à Tananarive.

Quand Rainilaiarivony arriva au pouvoir en 1864, elle

crut que des jours meilleurs allaient venir enfin pour elle. Pour parvenir il avait fait la cour aux catholiques, aux Français, sachant bien qu'il flattait ainsi les sentiments secrets de la reine. Il ne jurait que par l'estimable M. Laborde; il ne parlait que d'arrêter les progrès du parti anglais. Et au fond, avec plus d'habileté et de souplesse dans les formes, il ne valait pas mieux que son digne frère. Ses bonnes dispositions durèrent environ un an, ce qui suffit à donner aux œuvres de la mission un extraordinaire élan. Mais, en 1865, il accordait aux Anglais un traité avec des articles organiques secrets dont les conséquences devaient donner à nos rivaux le protectorat effectif de l'île et qui, nous assure le P. Colin, mettaient 10,000 malgaches à la solde de l'Angleterre.

L'affaire paraissait si bien « dans le sac » que le chef des méthodistes, le trop fameux Ellis, crut pouvoir retourner à Londres. Et le consul anglais Packenham (1) rencontrant un jésuite, le P. Abinal, après la signature du traité lui dit :

— Eh bien! nous venons de vous rouler.

Pour mieux marquer l'importance qu'il attachait à ce traité, le gouvernement de Rainilaiarivony avait ordonné

(1) Notons ici que ce consul Packenham, au moment de mourir, quelques années après, fit appeler un Missionnaire français, Mgr Cazet lui-même, et embrassa la religion catholique. Pour la politique de son pays, il avait travaillé avec les Méthodistes; pour l'autre monde, il avait pu comparer et choisir à bon escient!

des réjouissances publiques. Et on était tout à la joie quand arriva la note de la France qui réclamait une indemnité de 1,200,000 francs pour la charte Lambert. Rainilaiarivony ne manqua pas de tirer parti du contraste. La France réclamait de l'argent, l'Angleterre en donnait aux bons Malgaches ; c'était l'Angleterre qui était la grande nation, l'amie des Hovas. Cependant il fallait bien s'exécuter. Après de longues négociations qui durèrent cinq mois et où les Hovas déployèrent leur insolence et leur rouerie habituelles, ils se résignèrent à payer. L'Angleterre pour 25,000,000 n'aurait pas rendu la charte Lambert (1). Pour cinq cents caisses d'argent que 2,000 soldats transportèrent à Tamatave, et qui, le change déduit, rapportèrent à M. Lambert et à ses commettants la modeste somme de 870,246 francs, la France rendit le précieux traité de Radama que les Hovas brûlèrent publiquement.

Puis, pacifiquement, à la suite de l'Angleterre, la France demanda un traité. Le représentant qu'elle avait envoyé là-bas, le comte de Louvières, était un homme d'une extrême énergie. Mais que pouvait-il faire avec un gouvernement qui ne voulait pas d'histoires du côté de l'Angleterre, et qui, à cause d'elle, était résigné à une patience inépuisable à l'égard des Hovas. Il fut berné pendant six

(1) M. Lambert lui-même a raconté (P. de la VAISSIÈRE, *Madagascar, ses habitants, ses missionnaires*, premier volume, page 488) que le cabinet anglais lui avait fait offrir un million sterling de son traité (25 millions de francs.

mois à Tananarive par le maître fourbe Rainilaiarivony et mourut à la peine en janvier 1867. M. Garnier, qui lui succéda, obtint, après d'interminables lenteurs, le traité de 1868. En retour de concessions calquées sur celles du traité anglais, mais qui n'étaient pas comme elles augmentées de clauses secrètes, la France commettait la faute de reconnaître aux monarques de l'Imérina la souveraineté de Madagascar. Du reste un traité de plus ou de moins n'était pas fait pour gêner Rainilaiarivony.

Quelques mois avant la signature de ce traité, la reine Rasoherina était morte, débarrassant son premier ministre d'un obstacle qui l'empêchait de donner toute satisfaction aux méthodistes anglais. Sans la tyrannie de Rainilaiarivony, cette pauvre reine se fut montrée ouvertement ce qu'elle était au fond, une amie de la France et de la religion catholique. Elle faisait elle-même réciter le catéchisme à sa fille adoptive Raverosoamana. Elle avait placé son autre fille adoptive Ratahiry dans une école catholique. Elle disait volontiers qu'il n'y avait de vérité que dans la religion des Pères français. Quand elle se sentit malade à mourir, elle fit appeler pour le soigner M. Laborde, qui avait été l'ami, le conseiller de Radama. En vain la jalousie protestante, favorisée par le premier ministre, fit-elle monter la garde auprès d'elle par un médecin méthodiste. Elle demanda le baptême que, quelques jours avant sa mort, elle reçut des mains de M. Laborde.

Mais qu'importait cela à Rainilaiarivony. Cette mort le faisait libre désormais d'entrer complètement dans le jeu de ses amis les méthodistes. Il lui fallait maintenant une poupée à montrer sur le trône au peuple malgache. Il écarta naturellement les deux filles adoptives de Rasoherina qui avaient été élevées dans les écoles catholiques, et alla choisir pour la mettre auprès de lui, sur le trône, une petite cousine de la défunte reine, qui s'appelait Ramona, et qui fut couronnée sous le nom de Ranavalona II.

Cependant il ne démasqua pas tout de suite ses batteries, et, au couronnement de la nouvelle reine, en septembre 1868, le peuple de Tananarive put voir sur l'estrade royale trente membres de la mission catholique officiellement conviés à la cérémonie. Mais tout de suite après les méthodistes entraient en force au palais ; toute sorte d'édits et d'actes officiels étaient publiés, qui attestaient le mauvais vouloir du gouvernement hova à l'endroit des catholiques et des Français. Puis, en public, le premier ministre, se faisant prêcheur méthodiste, engageait tout le monde à se faire méthodiste comme lui.

Deux mois plus tard, la reine et son ministre assistaient à la dédicace d'un temple méthodiste. Enfin l'année d'ensuite, on oubliait de convier le représentant de la France au *Fandroana,* où figuraient tous les Anglais amis de

Rainilaiarivony, et, comme pour mieux accentuer la signification de cet affront gratuit, le premier ministre, divorçant avec sa femme dont il avait eu seize enfants, épousait la reine et recevait avec elle le baptême méthodiste.

Et du haut en bas Rainilaiarivony entendait qu'on suivit son impulsion. Un de ses subordonnés, Rainimaharavo, ministre des affaires étrangères, se distingua par l'hostilité violente qu'en toute occasion il affichait pour le culte des Français.

On reprit à la mission catholique des terrains qui lui avaient été solennellement concédés. On dispersa violemment des réunions catholiques. On envoya partout des émissaires qui, munis d'un diplôme royal, disaient hautement au peuple qu'il fallait désormais prier « dans la prière de la reine. »

Aussi le mouvement méthodiste, appuyé partout par des prêcheurs royaux, par des écoles officielles, monta — du moins sur le papier — dans des proportions considérables. Et l'Angleterre apprit bientôt que le nombre de ses coreligionnaires à Madagascar allait au delà de 150,000. C'était ce qu'à grand tapage publiaient les missionnaires de la Société de Londres.

Ces chiffres étaient-ils sincères ? Ce mouvement était-il sérieux ? On en doit douter quand on voit le genre de chrétiens que cette prétendue conversion en masse produisit. A en juger par le premier converti de tous, par Rainilaiarivony lui-même, les paroissiens du méthodisme malgache n'avaient rien d'édifiant.

La mission catholique faisait à coup sûr des progrès moins éclatants, mais plus solides. Elle n'avait point de grosses subventions, elle avait à lutter contre toutes les influences du palais, de la cour et des gouverneurs hovas, et cependant elle tirait des mêmes éléments que ceux des prédicants méthodistes des recrues qui auraient fait honneur à une société civilisée. Telle, par exemple, cette Victoire Rasoamanarivo, que les missionnaires ont appelée « l'ange de l'Église malgache. » Fille du ministre Rainimaharavo, persécuteur de la religion qu'elle avait embrassée, elle se montra le soutien éclairé et vigilant de la chrétienté naissante. En vain son père, par tous les moyens, chercha-t-il à la faire apostasier. Elle montra une constance et une fermeté dignes de tout éloge. Elle avait épousé un fils du premier ministre qu'elle finit par convertir. Et quand vint pour la mission l'heure de l'épreuve et de l'exil, ce fut Victoire qui, au milieu de la communauté chrétienne privée de ses guides, fut une gardienne vigilante et inébranlable.

Par leurs écoles surtout, les missionnaires catholiques avaient acquis une supériorité marquée; car, malgré les circonstances défavorables où ils étaient placés, ils n'avaient pas hésité à accepter la lutte contre la propagande effrénée de l'influence méthodiste. Loin de se cantonner à Tananarive, ils s'étaient répandus dans diverses parties de l'île, fondant des stations de mission, des écoles, des léproseries où ils faisaient admirer aux Malgaches surpris l'éternel miracle de la charité chrétienne.

D'ailleurs, un événement malheureux pour l'île Bourbon, heureux pour Madagascar, venait de renforcer la Mission de Tananarive. A la suite de manifestations qui dégénérèrent en une sorte d'émeute, le collège des Pères Jésuites à Saint-Denis avait été envahi et pillé par les émeutiers, dont aucun certainement n'avait de grief personnel contre les religieux. Le gouverneur, l'amiral Dupré, celui-là même que nous avons vu montrer tant d'indécision contre les Hovas, avait laissé, par faiblesse, par imprévoyance, quelques manifestations désordonnées dégénérer en sédition. Au début, le désordre eût été facile à arrêter; quand on dut le réprimer, on le fit avec une rigueur qui coûta la vie à des innocents. Et tout le petit pays fut profondément troublé.

Néanmoins le mal accompli, il fallut le réparer. Les Jésuites avaient immédiatement rouvert leur collège sous la protection des lois et jouissaient plus que jamais de la confiance des familles catholiques de l'île émues du mauvais coup qui, préparé sans doute dans les Loges, avait pu s'accomplir au grand jour, grâce à la faiblesse sinon à la complicité des autorités. On les supplia de rester. Mais ils annoncèrent qu'à la fin de l'année scolaire en cours, le collège serait définitivement fermé. En effet, ils n'avaient

jamais considéré le poste de Bourbon que comme une étape vers la mission de Madagascar. Le collège où ils instruisaient une notable partie de la jeunesse de la colonie, l'établissement de la Ressource où ils élevaient de jeunes Malgaches, étaient des « moyens » non « le but. » Et avec un personnel forcément restreint, le collège qui, au point de vue financier, constituait déjà une lourde charge, était même pour le dévouement des missionnaires une entreprise écrasante. Il n'avait rapporté que des dettes. Et s'il avait fourni à la phalange des missions quelques sujets d'élite, ce contingent était véritablement trop modeste pour encourager la Compagnie à de plus gros sacrifices.

Mieux valait donner tout de suite à Madagascar la phalange elle-même. Ainsi du moins en jugèrent les supérieurs d'Europe, et c'est pourquoi au moment où là-bas le méthodisme ouvrait la campagne qui, d'après lui, devait être décisive en faveur de l'influence anglaise, la mission de Tananarive avait reçu un bataillon d'apôtres qui, en dépit des circonstances déplorables, allait pouvoir non seulement garder les positions conquises mais encore étendre et développer heureusement l'œuvre de la France catholique. Il y avait là des lettrés qui connaissaient sur le bout du doigt tous les chefs-d'œuvre de la littérature, des savants auxquels aucune découverte de la science n'était étrangère, des artistes qui, par leurs talents, auraient pu prétendre à briller dans les milieux les plus difficiles et tous, sur un signe des supérieurs, au nom de Dieu et de la France, s'étaient enfoncés avec joie dans les forêts de Madagascar. Et il ne s'agissait point certes d'aller occuper des postes d'honneur et de profit ; mais de courir au-devant de tous les dangers et de toutes les épreuves de la vie de missionnaire. Ils connaîtraient la faim et la soif, les dangers des déserts et les dangers des tribus barbares, l'absence de la patrie et la privation de tout confort civilisé; et tout cela pour apprendre le Catéchisme aux petits Malgaches, pour leur inculquer l'amour de Dieu et l'amour de la France.

Combien parmi eux sont déjà tombés sur les épis moissonnés au milieu de leur dur et fécond labeur! Et la patrie ignore jusqu'à leurs noms que seuls retiendront l'élève qui aura encore plus gagné à leurs exemples qu'à leurs leçons, le barbare qu'ils auront donné à la civilisation chrétienne, le voyageur qui, en plein pays sauvage, aura un jour salué avec respect ces divins envoyés de la patrie et de la religion.

Quand Madagascar sera devenue terre française non plus seulement par le drapeau mais aussi par le cœur et l'âme, il faudra sur le plus beau site de Tananarive élever une colonne votive à la mémoire de nos missionnaires. On n'y mettra point de noms, mais une simple inscription attestant qu'aux plus mauvais jours de notre histoire, contre la ruse et la force de beaucoup d'ennemis, une phalange héroïque et dévouée garda sur la Grande Ile la place de la France jusqu'à l'heure de la résurrection et de la victoire.

CHAPITRE IX

Rainilaiarivony et les 20,000 francs du commandant Lagougine. — Le P. Cazet successeur du P. Jouen à Madagascar. — Développement de la mission. — Persécution des œuvres catholiques et françaises. — Les Méthodistes poussent les Hovas vers la côte ouest. — Le commandant Le Timbre à la baie de Passandava. — Ambassade hova à Paris, en Europe et en Amérique. — L'amiral Pierre. — L'affaire du pasteur Shaw. — Mort de Ranavalona II. — Ranavalona III. — L'amiral Galiber. — L'amiral Miot. — Le nouveau traité de paix. — Impressions en France.

Rainilaiarivony et ses amis, les méthodistes, ne comptaient point que l'heure du triomphe de la France viendrait, quand au lendemain des désastres de l'année terrible, en 1872, ils se crurent tout permis contre les sujets français. Heureusement la nation française était représentée à cette époque dans les eaux de Madagascar par un homme de caractère et d'énergie, le commandant Lagougine. On avait dit aux Hovas que la France ne comptait plus. Le brave commandant les fit revenir de leur erreur. Il parla à Rainilaiarivony avec une telle vigueur que le ministre hova déconcerté souscrivit sans trop de façon à l'indemnité qui lui était réclamée pour les déplacements de l'état-major de l'escadre. Mais Lagougine tenait au respect du Hova pour la France, non à son argent. Il avait à peine reçu la somme qu'il la renvoyait avec mépris au premier ministre en lui mandant que la France était assez riche pour lui en faire cadeau. Rainilaiarivony fut de plus en plus déconcerté des procédés de ce terrible commandant. Il comprit sans doute que, malgré ses défaites, la France était encore assez puissante pour faire respecter son drapeau. Et de quelque temps, jusqu'en 1875, il se montra fidèle à la lettre sinon à l'esprit du traité de 1868.

Ce n'était pas de la bienveillance assurément; mais c'était de la correction. Le P. Jouen, l'intrépide fondateur de la Mission de Madagascar, mort en 1871, avait eu pour successeur le P. Cazet. Et en 1873, le P. Cazet recevait la visite officielle du premier ministre qui, au nom de la Reine et au sien, venait le remercier du bien fait par les missionnaires au peuple malgache. Mieux encore, en 1874, le chef de la Mission obtenait l'autorisation de faire la procession du Saint Sacrement en pleine capitale, et l'imposante cérémonie où figurait officiellement le représentant de la France saisissait le peuple d'étonnement et d'admiration. Enfin l'année suivante l'évêque de Bourbon, Mgr Delannoy, montait à Tananarive et recevait de la population, comme des autorités malgaches, l'accueil le plus respectueux. L'influence française faisait en somme son chemin et le prélat en fut particulièrement frappé à Tananarive. Les écolès étaient pleines d'élèves et ces élèves promettaient une génération française de cœur et de sentiment. Pour développer l'œuvre de la Mission, les PP. Jésuites avaient appelé à Tananarive des Frères des Écoles chrétiennes pour les garçons, des Sœurs de Saint-Joseph de Cluny pour les filles et ces excellents maîtres formaient non seulement des élèves mais encore des novices. Comme dans les écoles de France, on organisa en l'honneur de l'évêque français des solennités scolaires avec musique et discours. Ce qui ravit surtout Mgr Delannoy, ce fut l'excellent français qu'il entendit. Ainsi qu'il l'a dit lui-même il lui sembla que la « France orientale, » rêvée par Colbert, prenait corps à ses yeux. Il quitta Tananarive enchanté de son voyage et heureux de tout ce que les missionnaires avaient pu lui montrer. Le premier ministre à qui il avait reconduit un fils de son premier mariage élevé à Passy, chez les Frères, lui prodigua les assurances les plus encourageantes. Mais il ne fallait pas compter sur ces assurances. Rainilaiarivony restait au fond l'homme-lige des méthodistes, et il allait bientôt avec eux et pour eux recommencer la guerre contre la Mission catholique et les Français. Ce fut principalement sur la question des écoles qu'elle fut organisée avec un acharnement inoui. Ellis n'était plus là; mais il était avantageusement remplacé par Parrett qui, de simple imprimeur de la *Missionary Society,* était monté au rang de chef du parti méthodiste à Madagascar et s'était constitué en quelque sorte le Résident non officiel mais effectif de l'Angleterre auprès de Rainilaiarivony. La liberté religieuse était garantie par les traités. Mais Parrett et le premier ministre s'en moquaient bien. Quand les missionnaires revendiquaient comme Français le droit d'acheter ou de louer des terrains pour leurs chapelles, leurs écoles, leurs postes, on leur répondait :

— Nous ne vous défendons pas d'acheter, c'est votre droit. Mais nous défendons aux Malgaches de vous vendre et c'est aussi notre droit.

Deux faits entre mille autres suffiront à établir l'insolence du ministre et de ses partisans méthodistes. On reprit à la Mission les terrains que lui avait donnés régulièrement M. Laborde qui venait de mourir Consul de France à Tananarive. Une autre fois, sur l'emplacement même d'une chapelle catholique, un Hova, un ami du ministre, fait transporter des matériaux, disant qu'il va y construire une maison pour lui.

En vain les Pères réclament. Il faut que notre consul, M. Meyer, aille s'installer sur le terrain, sabre au clair et révolver en main pour mettre à la raison les violateurs d'une propriété française. Au préalable il avait averti Rainilaiarivony qu'il le rendait responsable de ce qui allait arriver, et cet acte d'énergie sauva la propriété menacée.

Mais c'est surtout et toujours sur le terrain de l'école que se porte l'effort de la persécution inspirée par les méthodistes. En apparence Parrett et ses complices ne songent qu'au bien du peuple hova, et les réformes les plus pompeuses sont annoncées et proclamées par leur ami Rainilaiarivony. Et au fond toute réforme administrative, judiciaire et même militaire, n'a qu'un but : c'est d'organiser la lutte contre l'influence française, c'est de tuer l'école catholique. Sur tous les points du pays une guerre en règle est déclarée aux écoles non méthodistes. Les familles qui y envoient leurs enfants sont dénoncées, traquées, persécutées de mille manières. Et quand l'intimidation ne réussit pas contre les familles c'est à la violence qu'on a recours contre les maîtres qu'on menace du courroux de reine, contre les élèves qu'on arrache à leurs maîtres pour les rouer de coups. En vain porte-t-on plainte à Rainilaiarivony. Quand les missionnaires, quand le consul de France lui font remarquer que la liberté religieuse n'existe pas, que les traités sont violés il fait le bon apôtre, proteste qu'il n'y comprend rien, qu'on doit exagérer et jure qu'il mettra bon ordre à tout cela.

Et la persécution continue comme de plus belle sinon dans la capitale où des excès de ce genre auraient trop de retentissement, du moins dans les provinces où *antily* (gendarmes) hovas et instituteurs méthodistes exercent contre les catholiques mille vexations, mille brutalités. De sorte que, si à Tananarive la mission catholique paraît en incontestable progrès grâce au succès public des écoles et à la magnifique cathédrale que bâtissent le F. Gonzalvien et le P. Alphonse Taix, en réalité la cause française et catholique est battue en brèche partout, mise en péril partout. Trois consuls, après le digne et regretté M. Laborde, MM. Meyer, Cassas et Baudais usent leur énergie et leur influence contre la duplicité souriante de Rainilaiarivony. Par malheur pour Parrett et ses compères, ils veulent pousser trop loin leurs avantages. Ils persuadent au premier ministre que le moment est venu pour les Hovas de s'emparer de la côte sakalave du nord-ouest. La France, à la vérité, a établi son protectorat sur cette côte depuis 1840. Mais le détail n'est pas fait pour arrêter Parrett. Deux ou trois Révérends et à leur tête le Rév. Piskersgill vont porter aux chefs sakalaves des « lambas d'investiture » et des drapeaux hovas. Le drapeau hova est même hissé à Nossi-Mitsiou, en face de Nossi-Bé. Et comme il faut à cette occupation pour rire donner des suites plus sérieuses, les « Révérends » obtiennent que le gouvernement anglais mettra à la disposition de Rainilaiarivony l'amiral Gore Jones et ses vaisseaux pour transporter des troupes hovas sur la côte nord-ouest.

C'était une folie, et comme le disait M. Packenham qui allait bientôt mourir « converti » entre les bras du P. Cazet, l'impatience de Parrett et de ses compères lui gâtait en quelques jours « son œuvre de vingt ans. » Et en effet les plaintes énergiques de M. Baudais et le cri d'appel qu'il lança vers Paris réveillèrent le gouvernement français. Le commandant Le Timbre, chef de la station navale française dans les eaux malgaches, reçut l'ordre d'agir énergiquement. Et en juin 1882, le drapeau hova insolemment arboré dans la baie de Passandava était enlevé par le commandant Le Timbre et remplacé par le drapeau tricolore. En même temps le gouvernement français faisait notifier à Tananarive qu'il ne laisserait point porter atteinte soit directement, soit indirectement, à la situation privilégiée de la France à Madagascar.

Cette action énergique à laquelle les méthodistes ne s'attendaient point les jeta dans un véritable état de fureur. Leurs journaux répétés par cinquante prêcheurs se mirent à publier toutes sortes d'excitations violentes contre la France et les Français.

Et Tananarive devint bientôt le théâtre d'une agitation pleine de dangers. Le chancelier du consulat de France, M. Campan, homme énergique, auquel M. Baudais, parti pour Paris, avait confié la charge des intérêts français, dut amener son pavillon et se retirer sur la côte.

Néanmoins Rainilaiarivony pour gagner du temps et des partisans dépêcha une nouvelle ambassade à Paris. Elle portait des propositions inacceptables et aux premières ouvertures les négociations furent rompues. Alors la mission hova entreprit une tournée à Berlin, à Londres et jusqu'à Washington pour y trouver des alliés contre la France.

Mais la France ne se laissa point détourner par cette diversion. Dès le mois de mai 1883, l'amiral Pierre, à la tête d'une division navale, arrivait dans les eaux de Madagascar, bombardait quelques forts hovas sur la côte nord-ouest et s'emparait de Mozangaye ou Majunga. Puis il allait s'embosser en face de Tamatave et envoyait son *ultimatum* à Tananarive. Il demandait la reconnaissance formelle des droits de la France sur la côte nord-ouest, une indemnité pour tous les dommages subis depuis vingt ans par les nationaux français et des garanties sérieuses pour l'avenir.

C'était le 2 juin que l'amiral Pierre adressait son *ultimatum* à Tananarive. Et déjà le 30 mai les derniers missionnaires, au milieu de l'émotion de leurs amis et de la joie de leurs acharnés ennemis, avaient quitté la capitale. Parrett pour consoler Rainilaiarivony de leur commun échec lui avait conseillé un coup de vigueur. Et ce coup de vigueur consistait à chasser de Tananarive les soixante-quatre Jésuites, les huit Frères des Écoles chrétiennes et les vingt Sœurs de Joseph de Cluny qui composaient la mission catholique. Le décret parut le 23 mai ; il donnait aux Français cinq jours pour partir ; après ce délai, leurs biens devaient être pillés et leurs personnes livrées au peuple. En un temps si court et avec les dispositions hostiles que le gouvernement et les méthodistes fomentaient dans la population, un voyage comme celui du centre de l'île à la côte était difficile à organiser. Et plus d'un Anglais à Tananarive blâma hautement Parrett et ses compères d'avoir poussé Rainilaiarivony à des extrémités aussi barbares contre les pauvres religieuses de la mission. Des trois caravanes qu'on organisa péniblement pour gagner la côte, celle qui partit directement de Tananarive sous les insultes des soldats hovas campés à l'entrée de la ville fut la plus favorisée ; elle arriva sans accident grave à Tamatave.

La seconde caravane partie de Fianarantsoa fut moins heureuse ; on lui refusa des vivres au départ, et au milieu de mille privations elle put atteindre le port de Mananjary où elle s'embarqua pour Tamatave. La troisième qui partit d'Ambositra fut la plus cruellement traitée. Par les courriers de la reine, tout le long du chemin, il avait été défendu de lui vendre toute nourriture. Les missionnaires ne vécurent que de quelques bananes achetées à la dérobée. Parvenue à la côte, à Yvondro, elle fut emprisonnée dans une case dont toute la population fut rigoureusement écartée, et où elle serait morte, de fièvre et de faim, sans l'arrivée d'une compagnie de soldats français qui vint la délivrer. Mais deux de ses membres, le P. de Batz et le F. Brutail, n'arrivèrent à Tamatave que pour y mourir martyrs des mesures sauvages que la haine méthodiste avait inspirées aux Hovas.

A Tamatave, colons et missionnaires expulsés de l'intérieur, se retrouvaient sous la protection du drapeau français. Le 9 juin, l'amiral Pierre avait reçu la réponse négative du gouvernement hova à son *ultimatum*. Le lendemain il bombardait Tamatave d'où les troupes hova s'enfuyaient avec une rare célérité, et le 11 juin la ville était occupée par nos troupes de débarquement.

Le brave amiral, vaillant homme de guerre s'il en fut, n'aurait pas mieux demandé que d'aller de l'avant pour donner aux Hovas une définitive leçon. Comme il le disait lui-même, après avoir « craché aux oreilles » (Majunga et Tamatave) « un sanglier, de la taille de Madagascar » on ne pouvait pas songer à le tenir en respect avec 180 hommes de troupe et six navives dont quatre petits. Il avait donc besoin de renforts pour agir sérieusement. Or on ne songeait pas à lui en fournir. Le gouvernement de M. Grévy, fort ému des notes qui lui arrivaient de Londres, trouvait que le vaillant amiral était déjà allé trop loin. On lui en voulait presque d'avoir forcé le vaisseau de guerre anglais la *Dryad*, à respecter la manœuvre de l'escadre française lors du bombardement de Tamatave. Car le commandant anglais s'était plaint à son gouvernement et c'était l'amiral Pierre qui était devenu un marin compromettant, dangereux pour l'entente cordiale.

L'affaire du pasteur Shaw vint mettre le comble au mécontentement de Londres, à l'émoi de Paris. On se rappelle le cas de ce révérend qui, logeant nos soldats à Tamatave, laissait « traîner » chez lui des bouteilles empoisonnées. Arrêté, puis jeté en prison, il avait trouvé à Londres des avocats plus bruyants que raisonnables. Mais le gouvernement de M. Grévy était aux champs. On envoya à l'amiral Pierre l'ordre de relâcher ce compromettant prisonnier auquel les ministres de M. Grèvy finirent même par offrir une indemnité de 25,000 francs. L'amiral Pierre, à moitié désavoué, découragé et laissé sans renforts, demanda son rappel. Il était déjà souffrant. Il mourut sur le navire qui le ramenait en France.

L'amiral Rallier qui lui succéda dans les eaux de Madagascar, apprit bientôt la mort de Ranavalo II, que Rainilaiarivony remplaça immédiatement par une de ses suivantes, la jeune Razafindrahety proclamée sous le nom de Ranavalona III. La nouvelle reine, quoique noble, était d'une très humble famille. Pour elle le premier ministre écartait encore la princesse Raverosoama, fille adoptive de Rasoherina. Mais ce détail n'était point fait pour arrêter

Rainilaiarivony. Il y avait eu encore un autre obstacle, un mari qui eut le « bon esprit » de mourir au moment où le premier ministre allait voir sa femme. Il mourut d'ailleurs en compagnie de son médecin qui disparaissait non moins subitement de ce monde. On comprend qu'une pareille reine devait être, entre les mains de son ministre, un docile instrument. Et de fait Madagascar n'avait jamais vu une reine aussi belliqueuse. Rainilaiarivony lui faisait passer, à cheval, la revue de ses troupes. Il s'agissait de prêcher la guerre sainte contre les Français.

La France, cependant, n'était guère menaçante. L'amiral Galibert, qui venait de prendre la direction de l'expédition de Madagascar, était arrivé avec l'impossible tâche de réduire Tananarive sans quitter la côte. Quelques navires, un paquet de soldats à Tamatave, un autre à Majunga, quelques autres petits postes, c'était véritablement trop peu pour inspirer quelque terreur aux Hovas. Les ministères français qui se succédaient, sans majorité stable, craignaient, par dessus tout, une brouille avec l'Angleterre. A dix kilomètres même de Tamatave les Hovas, retranchés derrière le fort de Farafate où commandait l'anglais Willoughby, attendaient que le découragement ou la fièvre nous fit lâcher pied. De temps à autre quelques compagnies venues du Tonkin ou de l'île Bourbon faisaient la relève des postes de la côte et c'était tout. Aussi l'amiral Galiber avait-il plutôt pour mission de négocier. Et pendant un an il essaya, mais en vain, d'amener les Hovas à composition. Car on ne décide les gens à négocier que quand on leur inspire des alarmes sérieuses. Et l'amiral Galiber ne pouvait, avec ses 800 hommes, songer à monter à Tananarive; avec ses navires il ne pouvait bombarder que les forts de la côte : Fénérife, Vohémaa, Foulpointe, Mahéla. Et ce n'était pas assez pour intimider la cour de Tananarive.

Avec l'amiral Miot, qui remplaça l'amiral Galiber, on crut un instant que le gouvernement français allait enfin se décider à un effort plus énergique. Il fit arrêter à Madagascar un bataillon du Tonkin; il fit lever à Bourbon le second bataillon des volontaires. Et sur la côte ouest on s'occupa activement d'organiser les tirailleurs sakalaves.

Néanmoins l'amiral Miot ne se faisait point illusion sur l'insuffisance des forces dont il disposait pour la tâche qu'on attendait de lui. Il demanda des renforts, en obtint d'insignifiants, prit Diégo-Suarez et risqua contre Farafate une attaque qui échoua.

Une chose pourtant découragea les Hovas; ce fut le langage adressé par l'amiral Miot à la cour de Tananarive. Il proclamait que la France était pour toujours installée sur la côte nord-ouest; qu'elle ne quitterait pas Tamatave avant que ses droits ne fussent reconnus. Et l'amiral annonçait qu'il attendait encore des renforts. Les Hovas avaient compté que s'ils pouvaient tenir quelque temps, une complication extérieure les débarrasserait de l'expédition française. Les méthodistes avaient donné à Rainilaiarivony cet espoir et il paraissait de moins en moins fondé. Par contre, la guerre, si peu meurtrière qu'elle eût été, avait coûté

La villa de la Reine, à Andohalo.

cher à Madagascar. Plus de 20,000 soldats hovas étaient morts de misère et de fièvre. L'occupation de Tamatave tarissait la meilleure part des ressources du gouvernement. Aussi Rainilaiarivony se décida-t-il à traiter. On lui envoya M. Patrimonio, et le 17 décembre, à bord de la *Naïade*, fut signé le fameux traité de 1885, qui attribuait à la France la possession de Diégo-Suarez, stipulait en notre faveur une indemnité de 10,000,000, et réglait l'installation d'un Résident de France à Tananarive avec une escorte de soldats français. En retour, la France reconnaissait Ranavolona III comme reine de Madagascar, et évacuait les postes occupés pendant la guerre.

Il n'était pas merveilleux ce traité. Aucune garantie sérieuse n'était stipulée en faveur des sujets français. Leur droit de posséder restait réglé par le traité de 1868 en vertu duquel Rainilaiarivony avait déjà répondu à nos consuls : « Nous vous reconnaissons le droit d'acheter ; mais nous défendons aux malgaches de vous vendre. » — Nous rendions tous les postes occupés, même ceux de la côté Sakalave. Enfin nous proclamions la reine des Hovas souveraine de Madagascar ce qui était le grand point pour les diplomates de Tananarive.

Mais d'un autre côté nous prenions définitivement pied sur la grande terre, en exigeant la cession de Diégo-Suarez, le plus beau port de l'Ile ; nous avions enfin à Tananarive un Résident gardé par une escorte de soldats, et c'était le drapeau français qui faisait hautement son entrée dans la capitale de l'Imérina. Bref pour la première fois, depuis nos relations accidentées avec Madagascar, la politique française marchait à un but défini et prenait des garanties sérieuses.

Rainilaiarivony ne le comprit pas ainsi. Il se figura

qu'en écartant du traité la phrase relative au protectorat, il aurait partie gagnée. Il se fiait à ses ressources pour trouver le moyen d'éluder plus tard les revendications de notre diplomatie. L'avenir, son étoile, des complications possibles de la politique européenne feraient le reste.

En France le traité excita peu d'enthousiasme. On ne traita pas sans ironie, à la Chambre comme dans la presse, ce protectorat qui n'en était un qu'à la condition de ne pas avouer la chose.

Au fond on ne pouvait pas demander un succès plus éclatant du moment qu'on ne voulait pas pousser à fond la guerre. Et le gouvernement était enchanté de son traité, qui lui permettait de déclarer au pays que la question était définitivement réglée. Pour cela il fallait tenir peu de compte de la lettre interprétative, signée par l'amiral Miot et M. Patrimonio à la demande de Rainilaiarivony, et qui atténuait sensiblement le document principal et limitait à cinquante hommes le chiffre de l'escorte. Aussi dès lors les hommes un peu au courant des affaires malgaches purent annoncer que nous n'étions pas à la fin de nos difficultés avec les Hovas.

La Mission catholique partageait ce sentiment quand elle remonta à Tananarive en mars 1885. Les missionnaires furent accueillis cependant avec enthousiasme. Durant tout leur voyage, entre Tamatave et la capitale, des ordres avaient donnés pour qu'ils fussent salués partout comme des amis de la Reine. Et cela ressemblait peu à leur pénible et cruel exode deux ans auparavant. A Tananarive même leur entrée, au milieu de la foule joyeuse qui les attendait et au son des cloches de la cathédrale catholique, fut un vrai triomphe. Ils retrouvaient presque toutes leurs œuvres debout, leurs catholiques fidèles malgré l'épreuve et la persécution au souvenir des Pères et de la France ; pendant leur absence un noyau choisi des néophytes avait maintenu les exercices, les réunions, conseillés par les missionnaires. Et en quelques jours la Mission avait repris la vie d'autrefois. Elle allait avoir désormais à sa tête un vicaire apostolique, Léon XIII ayant voulu nommer évêque de Sozuza et vicaire apostolique de Madagascar le vaillant chef des missionnaires de la Grande-Ile, le P. Cazet qui, sacré en octobre 1885 à Lourdes, débarquait au mois d'avril suivant à Tamatave au milieu des salves d'honneur de notre escadre.

M. de Freycinet, l'homme qui nous aura été si funeste non seulement à l'intérieur mais encore au dehors (rappelons-nous l'Égypte), s'était tiré comme il avait pu de l'affaire de Madagascar en acceptant le traité bâclé à tout prix par M. Patrimonio. Heureusement pour la France, le gouvernement français put mettre la main sur un homme de valeur pour tirer parti de cet arrangement boiteux. Nous voulons parler de M. Le Myre de Vilers qui arriva à Tamatave vers la fin d'avril 1887.

L'accueil qu'on lui fit à son débarquement fut assez froid. Cependant le premier ministre mettait à sa disposition une nombreuse escorte pour monter à Tananarive où le nouveau Résident général parvint sans accident le 10 mai 1887. Son entrée fut naturellement un gros événement. Une foule énorme s'était assemblée pour voir le représentant de la France. Mais dans cet empressement nulle joie, nulle gaieté. Au contraire la population travaillée par Rainilaiarivony et les méthodistes déguisait mal son hostilité. Et c'était dans un pareil milieu, à travers mille intrigues dont les fils traînaient partout, sous la protection d'une poignée d'hommes, goutte d'eau dans un océan, que M. Le Myre de Vilers allait avoir pour adversaire le politicien retors qui depuis si longtemps s'était joué de la France.

CHAPITRE X

Le premier Résident général à Tananarive, M. Le Myre de Vilers. — Premières difficultés de la Résidence avec les Hovas. — La question de l'*exequatur*. — Le protectorat reconnu par l'Angleterre. — Fureur de Rainilaiarivony contre les Anglais. — Bons conseils méthodistes — M. Le Myre de Vilers remplacé par M. Bompard. — M. Larrouy. — Nouvelle rupture. — Retour de M. Le Myre de Vilers comme envoyé spécial. — Nouvel *ultimatum*. — Départ des Français.

Fort heureusement M. Le Myre de Vilers que sa carrière d'officier de marine et une assez longue résidence en Indo-Chine avaient rompu à la connaissance du caractère oriental — et les Hovas sont une tribu d'Orient — n'était pas homme à se faire illusion sur les difficultés de son rôle. Tout d'abord il tint à montrer que désormais un nouveau drapeau avait le droit de flotter à Tananarive et de commander le respect de tous. A peine arrivé il fit convier le premier ministre à la Résidence, où il voulait arborer les couleurs de la France. Et ce fut un spectacle imposant que de voir, au milieu de cette ville populeuse, ce petit groupe d'hommes, élever fièrement le drapeau de la patrie salué par une salve de vingt et un coups de canon. Pour cette cérémonie, le Résident général avait voulu s'entourer du personnel de la Mission, et des Français qui se trouvaient alors à Tananarive. Les cinquante hommes de l'escorte eurent surtout un grand succès. La foule ne se lassait pas de considérer leur tournure martiale, leur admirable tenue; c'était pour ainsi dire une incarnation de la France militaire qu'ils avaient sous les yeux.

Le premier ministre n'était pas venu à la cérémonie, il s'était fait représenter par son fils. La Reine, elle, était représentée par huit de ses principaux officiers.

Le soir il y eut banquet officiel à la Résidence; et cette fois Rainilaiarivony daigna apparaître au milieu des illuminations. Ce fut d'ailleurs pour porter un toast à la France, à son gouvernement, à son représentant à Tananarive. M. Le Myre de Vilers lui répondit en buvant à la prospérité de Madagascar. C'était un assaut de courtoisie avant les hostilités qui allaient commencer sans tarder.

En effet le Résident général eut tout de suite à s'opposer à un projet de Rainilaiarivony, qui, pour jouer un bon tour aux Français, avait imaginé de signer au profit d'une Compagnie anglaise une concession qui aurait fait tomber dans les mains britanniques les finances du pays. En vertu du traité, une banque d'État anglaise se serait établie à Madagascar, aurait pris en ferme les douanes de l'Ile et, moyennant une rétribution convenable au premier ministre, aurait mis en régie l'administration financière de Madagascar, puis couvert le pays de ses agents. M. Le Myre de Vilers demanda énergiquement la résiliation du traité et obtint gain de cause.

La seconde grosse difficulté qui surgit ensuite fut celle de Diégo-Suarez. Il s'agissait de la délimitation du territoire pris là par la France. En vertu de la lettre interprétative dont nous avons parlé, et que Rainilaiarivony avait obtenu de M. Patrimonio et de l'amiral Miot, on prétendait enserrer Diégo-Suarez en d'étroites limites qui lui auraient enlevé toute possibilité de développement et même toute garantie de sécurité. Sur ce point le politicien hova avait certainement la lettre de l'arrangement pour lui, mais M. Le Myre de Vilers répondit que cette lettre n'engageait pas la France, qu'elle n'avait pas été montrée aux représentants de la nation et que pour son compte il ne lui reconnaissait aucune valeur. Il écrivit en France pour presser l'envoi du gouverneur de Diégo-Suarez, pour faire renforcer la garnison. Puis il déclara à Rainilaiarivony que la France exigeait tout le terrain nécessaire à l'installation et à la défense de la colonie.

C'était certainement user du droit de la force. Il n'y avait pas d'autre moyen pour voir la fin des interminables pourparlers que soulevaient les autorités hovas au sujet de la délimitation de la nouvelle possession française. La troisième difficulté fut la plus grosse, et celle-là M. Le Myre de Vilers ne put jamais la surmonter entièrement. Nous voulons parler de la question de l'*exequatur*.

En vertu du traité de paix, la France avait exigé le contrôle des relations extérieures du pays. Par suite, tout représentant d'une puissance étrangère, était tenu, pour que le contrôle fut sérieux, de faire passer ses lettres de créance par l'intermédiaire du Résident de France.

L'obligation était claire, l'engagement formel. Malheureusement si la disposition principale était évidente, l'application n'en était pas définie, et il aurait fallu encore une lettre interprétative pour en expliquer la portée. Rainilaiarivony espéra qu'il se tirerait d'affaire pour l'*exequatur* comme il s'était tiré d'affaire pour la question des écoles et pour la question de propriété. Au sujet de la propriété il avait déjà dit aux Français, comme on l'a vu.

— Vous avez le droit d'acheter ; nous avons celui d'empêcher les Malgaches de vendre.

Pour les écoles il disait :

— Les catholiques ont la liberté d'ouvrir des écoles.

Mais avec les prédicants et les gouverneurs, il s'arrangeait pour que les méthodistes supprimassent le plus possible la liberté des catholiques. En vain, sur les plaintes de Mgr Cazet, chef de la Mission catholique, M. Le Myre de Vilers signalait au premier ministre les excès les plus criants. Le premier ministre se répandait en mille protestations de bon vouloir, et les choses continuaient comme devant.

De même pour l'*exequatur,* Rainilaiarivony pensait que si le Résident de France avait le droit d'exiger le respect de cette clause du traité, il gardait, lui, le droit de ne pas tenir compte de l'interprétation du Résident, et de s'arranger comme autrefois avec les consuls des nations étrangères. Or comme en cette matière le premier ministre pouvait compter sur la bienveillance des consuls d'Angleterre, d'Italie, d'Allemagne et des États-Unis, le différend alla toujours en s'aggravant. Dès ce moment, il aurait fallu recommencer une expédition pour amener Rainilaiarivony à la raison. Mais M. Le Myre de Vilers savait le gouvernement très opposé à toute idée d'expédition nouvelle. Il lui fallait se borner à faire entendre les protestations de la France, à prendre acte de toutes les infractions à l'esprit, sinon à la lettre du traité, à réserver l'avenir, et à obtenir de temps à autre des satisfactions plus ou moins sérieuses.

Cette tactique suffisait à empêcher le premier ministre hova de sortir trop ouvertement des obligations consenties par le traité français. Mais la situation n'en était pas moins devenue difficile pour notre Résident. Il partit pour la France « en congé, » et, à Paris, causa longuement avec les membres du gouvernement de toutes les questions du protectorat. On approuva tout ce qu'il avait fait. On lui demanda de continuer à Tananarive le rôle ingrat dont il avait tiré le meilleur parti possible. La France était encore décidée à la patience. Seulement M. Le Myre de Vilers était de nouveau chargé de rappeler à Rainilaiarivony que la patience de la France n'était pas éternelle et que sa politique déloyale à notre égard entraînerait bientôt un règlement de comptes définitif.

Un an après, en 1889, M. Le Myre de Vilers était remplacé par M. Bompard qui luttait contre les mêmes difficultés que son prédécesseur, quand la convention du 5 août 1890, entre la France et l'Angleterre, vint porter un coup terrible aux espérances de Rainilaiarivony. Le potentat hova avait toujours compté sur les intrigues des méthodistes et sur l'appui moral au moins de l'Angleterre pour annuler l'influence française jusqu'au jour où les circonstances lui permettraient une révolte ouverte. Et voilà que par une solennelle convention, l'Angleterre reconnaissait le protectorat de la France sur toute l'île de Madagascar. En outre il était spécialement mentionné dans la convention que désormais les consuls et agents britanniques sur la Grande Ile ne s'adresseraient plus, pour obtenir l'*exequatur*, qu'au Résident français.

Une pareille déception était dure pour Rainilaiarivony. Quand la nouvelle en arriva à Tananarive, il eut une violente colère, et, dans une audience donnée à des agents de la *London Missionary Society,* il leur reprocha avec amertume ce qu'il appelait la trahison de leur gouvernement.

« L'Angleterre, se serait-il écrié, nous a vendus à la France comme si nous étions ses esclaves. »

Les méthodistes eux-mêmes étaient fortement agités de cette épreuve. On ne pense pas à tout. Et ils n'avaient pas pensé que pour faire reconnaître son protectorat à Zanzibar, l'Angleterre devait reconnaître celui de la France à Madagascar. Mais l'important pour eux était de rassurer Rainilaiarivony. Ils lui dirent qu'un papier diplomatique n'était après tout qu'un papier; que pour imposer sa volonté à Tananarive la France devrait toujours y envoyer une armée; que cette extrémité était plus éloignée que jamais; que la France, amoindrie et surveillée par l'Allemagne, n'aurait jamais assez de navires et assez de soldats disponibles pour la conquête de Madagascar.

Enfin ils ajoutaient avec plus ou moins de conviction, qu'avec un homme comme Rainilaiarivony et des troupes comme celles de la reine, cette conquête si elle était tentée tournerait à la confusion de la France.

Nous n'exagérons pas; vingt fois nous avons rencontré ces merveilleux arguments dans les publications, périodiques ou non, dont les méthodistes inondaient la Grande Ile. Tout récemment encore, alors que notre première colonne expéditionnaire culbutait à Marovoay les troupes de première ligne des Hovas, un journal anglais publié à Tananarive racontait sur le mode épique les valeureuses prouesses des guerriers de Ranavalona contre les soldats français.

Quoiqu'il en soit, les beaux conseils des méthodistes ne contribuèrent pas moins à jeter Rainilaiarivony dans des sentiments tout à fait belliqueux. M. Bompard avait été remplacé, en 1892, par M. Larrouy qui devait être le dernier Résident selon le traité de 1885, quand on signala en France des armements considérables qui entraient à Madagascar par le port de Vatomandry.

Nous avions dans l'Océan Indien une station navale. Elle reçut l'ordre d'empêcher tout débarquement d'armes de guerre pour le compte des Hovas. Mais quelques navires ne pouvaient effectivement surveiller la vaste étendue des côtes de Madagascar. Et on sut bientôt que, par les ports du Sud surtout, les amis anglais des Hovas faisaient passer des cargaisons d'armes et de munitions.

M. Larrouy, notre Résident à Tananarive, fut chargé d'adresser au gouvernement malgache les plus vives représentations. Rainilaiarivony n'en tint pas compte. Il ne tenait même pas compte des réclamations que lui présentait M. Larrouy, au sujet de nombreux attentats dont des colons français devenaient tous les jours maintenant les victimes. La défense faite au gouvernement malgache d'importer des armes de guerre, avait forcé le premier ministre à démasquer son jeu. Il était clair maintenant qu'il marchait d'un pas déterminé vers la rupture que sans doute ses amis méthodistes lui conseillaient pour échapper « au joug » de la France. Et, sous son impulsion, le chauvinisme hova se donnait carrière en laissant commettre contre les personnes et les propriétés des colons des attentats dont il était impossible d'obtenir réparation. A chaque plainte qu'on lui portait, Rainilaiarivony opposait des contre-plaintes, alléguant que les embarras causés par la France et les Français, lui rendaient le gouvernement impossible. Il avait une idée fixe, c'était de se débarrasser du traité de 1885, et cette idée l'embarqua un jour dans une difficulté assez comique. Son règne, même à Tananarive, n'enchantait pas tout le monde. Un Anglais du nom de Kingdon, et qui avait donné bien des preuves d'animosité contre la France, se brouilla un jour avec son ami le premier ministre pour nous ne savons quelle raison d'affaires ou de politique. Il ourdit avec un fils même de Rainilaïarivony une conspiration dont le but était le renversement, sinon la mort du premier ministre. C'est du moins ce qu'ont raconté les amis de celui-ci. Ce qui est certain, c'est que Rainilaiarivony voulut un jour mettre à la raison les dangereux conspirateurs. Pour son fils rien n'était plus simple. Il le fit arrêter et interner dans quelque recoin de Madagascar. Mais pour Kingdon, qui était Anglais, il fallait une procédure moins simple. M. Kingdon avait eu l'esprit de réclamer des juges par l'intermédiaire du Résident de France et accepter le débat là où l'accusé le portait en vertu de son droit d'Européen, c'était reconnaître le protectorat. Or là dessus Rainilaiarivony était intraitable. S'adresser au Résident pour obtenir justice contre M. Kingdon, c'était capituler sur la question d'*exequatur* comme sur tout le reste. Le premier ministre aima mieux renoncer à sa vengeance et se contenta de faire partir M. Kingdon, qui, arrivé à Londres, en a raconté de belles sur le sympathique protégé des « missionnaires » de son pays. Dans une lettre publiée par la *Pall Mall Gazette* de Londres, un journal cependant peu favorable à la cause française, M. Kingdon a expliqué tout au long que la reine de Madagascar était très aimée dans le pays, mais que le véritable souverain de la Grande Ile était le premier ministre, et qu'il était « ces dernières années » descendu au rôle « de despote cruel. » On ne pouvait pas permettre, ajoutait M. Kingdon, qu'un « pareil drôle » (*scoundrel*), fût cause de l'altération des bons sentiments qui devraient exister entre Français et Anglais. D'après lui, il était impossible aux Malgaches de gouverner Madagascar avec quelque justice, et, dans leur propre intérêt, les Anglais à Madagascar devaient souhaiter l'avènement définitif du protectorat français, que d'ailleurs leur gouvernement avait reconnu devant l'Europe.

Il faut ajouter d'ailleurs que M. Kingdon démentait absolument l'histoire de la conspiration. Tout cela était d'après lui un coup monté par le premier ministre qu'il disait capable de commettre les plus affreuses cruautés. Et le fait est qu'à la charge de la civilisation hova, M. Kingdon citait divers traits tout à fait monstrueux et qui ont dû causer plus d'une désillusion aux souscripteurs de la *London Missionary Society*.

Les révélations de M. Kingdon n'ont point empêché quelques journaux anglais de proclamer quelques mois plus tard que la politique de la France à l'égard du pauvre peuple malgache était une des abominations de ce siècle. Mais nous n'en avons pas moins tenu à donner l'histoire de M. Kingdon. Elle prouve qu'en somme la question du protectorat français à Madagascar faisait son chemin dans le monde.

Si elle faisait son chemin en Angleterre où malgré les criailleries des méthodistes et la mauvaise foi de quelques journaux voués malgré tout au service d'une mauvaise cause, le gouvernement respectait loyalement la convention de 1890, elle en faisait aussi à Paris où l'opinion commençait à réclamer le règlement de notre vieille querelle avec les Hovas.

Il convient de dire qu'en France nous n'étions plus à ignorer l'importance de la partie engagée contre nous par le premier ministre de la reine Ranavalo. Des hommes comme Mgr Freppel, M. de Mun, M. de Mahy avaient dit et redit au Parlement et au pays toutes les phases de cette

La reine de Madagascar.

question si intéressante pour l'avenir maritime et colonial de la France.

De M. de Mahy surtout on peut dire que la question de Madagascar fut toujours son grand cheval de bataille. Dans de nombreuses lettres adressées à la presse, par des conférences pour lesquelles il courait la France, par des discours au Parlement, il tenait l'esprit public en haleine sur cette question de Madagascar. Il était toujours prêt à répondre aux attaques, qu'elles vinssent de Londres ou de Paris, des méthodistes d'Angleterre ou de leurs alliés de France. Il avait réponse à tout et à tous. Il communiquait à ses divers auditoires quelque chose de la flamme qui l'animait pour la conquête de la grande île où il voulait voir pour toujours flotter les couleurs françaises. L'expédition de Madagascar a été certainement en grande partie son œuvre.

Car en France le gouvernement se décidait enfin à l'effort suprême. Il avait envoyé à M. Larrouy des instructions énergiques qui lui mandaient de rompre avec le premier ministre hova s'il n'obtenait pas les satisfactions attendues avec tant de patience. Et en septembre 1894, notre Résident après un dernier échec auprès de l'astucieux Rainilaiarivony avertissait Mgr Cazet de son départ et l'invitait à faire descendre à Tamatave les femmes et les vieillards.

Cependant la rupture n'était pas encore définitive. Le ministre à Paris voulait tenter un dernier effort de conciliation. Il dépêcha au premier ministre hova M. Le Myre de Vilers muni cette fois d'instructions décisives. Il apportait à Rainilaiarivony un *ultimatum* formel. La France réclamait l'application intégrale du traité de 1885 et l'établissement d'une garnison de 2.000 hommes à Tananarive.

M. Le Myre de Vilers arriva à Tamatave le 11 octobre, à Tananarive le 18. Dès le 19 un grand *kabary* (réunion) se tenait sur la grande place de la capitale et à l'instigation de quelques meneurs amis du premier ministre, tournait en manifestation dangereuse contre les Français ; une agitation violente s'emparait de la ville ; les vols (symptôme ordinaire des émotions patriotiques à Madagascar), les incendies se multipliaient dans une proportion inquiétante et on commençait à craindre les plus graves désordres. La vie des colons français n'était plus du tout en sûreté, et à la Résidence M. Le Myre de Vilers après avoir averti le premier ministre qu'il le rendait responsable de tout ce qui pourrait arriver, prenait d'énergiques mesures pour protéger dans la mesure du possible la sécurité de ses compatriotes.

Le duel diplomatique entre l'envoyé de la France et Rainilaiarivony engagé le 20 octobre se termina le 26. Aux nouvelles ouvertures de M. Le Myre de Vilers, le premier ministre répondit par un refus d'entrer en accommodement et, pour donner plus de signification à son refus, il organisa ouvertement ses plans de résistance contre la nouvelle attaque des Français. Il en avait tant vu de ces *ultimatums* de la France qu'il ne croyait pas évidemment à des conséquences autrement graves qu'un nouveau bombardement des côtes, après quoi on pourrait encore reprendre la conversation diplomatique.

Le samedi 27 octobre, à cinq heures du matin, la Résidence amenait son pavillon; tous les Français de

Tananarive évacuaient la capitale. M. Le Myre de Vilers et le personnel de la Mission avec nombre d'autres résidents se dirigeaient vers la côte Est par le trajet le plus court.

M. Ranchot, résident général par intérim, prenait au contraire, avec l'escorte de soixante-dix-huit hommes, la direction du nord pour aller à Majunga. Il avait avec lui M. d'Anthoüard, résident adjoint, quatre officiers, M. Delhorbe, directeur du Comptoir d'Escompte et deux Pères Jésuites qui allaient pour ainsi dire tracer la voie par où, quelques mois plus tard, passeront les colonnes du général Duchesne.

CHAPITRE XI

Nouvel exode des Français de Tananarive. — Le périlleux et heureux voyage de l'escorte. — Embûches des Hovas — La leçon du Tsimandoa. — Arrivée à Majunga. — La colonne de l'Est. — M. Le Myre de Vilers à Tamatave. — Débarquement de Shervington. — La rupture annoncée à la France. — La demande de crédits. — Exposé de M. Hanotaux. — La direction de l'expédition confiée au Ministère de la guerre.

Des deux groupes de ce nouvel exode des Français de Tananarive, c'était celui du Nord-Ouest, celui de l'escorte militaire qui devait être le plus éprouvé. Mgr Cazet qui, comme M. Le Myre de Vilers, avait pris avec son personnel la route de Tamatave par l'Est, a raconté que leur voyage s'était accompli heureusement, les autorités hovas ayant sur les ordres de la capitale fait le nécessaire pour faciliter le service des bagages et celui des vivres. Cependant, dans deux circonstances, la colonne eut à se plaindre des gouverneurs hovas, et eut des difficultés pour les vivres et les bagages. Mais ce fut bien autre chose pour le groupe qui regagnait la côte vers Majunga. Était-ce sentiment de haine contre l'uniforme français? Était-ce conviction que le drapeau de la France, chassé encore une fois de Tananarive reviendrait par le même chemin? Nous ne savons. Ce qui est sûr, c'est que les instructions officielles et même les bandes envoyées de la capitale contribuèrent à transformer le voyage de l'escorte française et de ses officiers en aventure mouvementée et périlleuse d'où par grand bonheur tout le monde devait sortir sain et sauf.

Un des missionnaires qui accompagnaient l'escorte, le P. Dupuy nous a donné le récit plein de vaillance et de gaieté de ce mémorable voyage.

Dès le lendemain de son départ, l'escorte, qui s'était mise gaiement en route, fut rejointe par un millier de hovas commandés par le chef de la police de Tananarive. Et les tribulations commencèrent. Les émissaires du gouvernement Malgache firent savoir à tous les porteurs de paquets que tout Malgache qui n'abandonnait pas les blancs serait condamné à mort. Et le lendemain matin, sur 150 porteurs de paquets, 50 seulement répondirent à l'appel. Avec eux, 28 Arabes des Comores ne peuvent suffire à transporter la considérable quantité des bagages et des vivres. Il faut donc sacrifier plus de la moitié de ces *impédimenta*, et les Hovas sont là avec le village prochain qu'ils ont ameuté et qui se prépare à faire un bon butin. Mais les Français ne veulent laisser aux brigands que des cendres; et au milieu d'un immense brasier, ils jettent tout ce qui n'est pas strictement indispensable pour la route, vêtements et vivres, capotes et souliers, fromages et sacs de café, vestes et conserves ; à quelque distance, les Malgaches, massés en nombre, poussent des cris de fureur de voir anéantir tant de richesses ; la fière attitude de l'escorte leur en impose ; mais à peine est-elle en route que les brigands se précipitent sur l'arrière de la colonne. Le P. Dupuy, assailli brusquement, se voit arracher tous ses effets ; il est enserré par la foule et on va lui faire un mauvais parti quand les chefs et les officiers de l'escorte entendant ce qui se passe à l'arrière de la colonne, reviennent revolver au poing et à coup de cannes pour ne se servir de leurs armes qu'à la dernière extrémité, refoulent vivement toute cette canaille, et ramènent le P. Dupuy.

Quant aux effets, ils ont disparu. Sans doute, il serait facile de les reconquérir. Mais est-il prudent d'engager une lutte sérieuse si près de Tananarive. C'est sans doute ce que désirent les Hovas. Ils ameuteraient tout le pays, et l'escorte n'est pas en force. A la nécessité d'atteindre Majunga, il faut sacrifier le plaisir de donner une leçon à ces moricauds. Et on se remet en route, le P. Dupuy, sain et sauf, mais « soulagé » comme le lieutenant de l'escorte de la presque totalité de ses effets.

L'étape mena la colonne française dans un poste catholique. Ce fut un vrai repos goûté au milieu de mille attentions de la population. Mais c'était le seul qu'ils devaient rencontrer sur leur route. A la fin de l'étape suivante, ils retrouvèrent les Hovas de Tananarive, et le lendemain matin, à la suite de leurs manœuvres et de leurs menaces effrontées, il ne resta plus aux Français que 14 porteurs. On fit un nouveau bûcher et on brûla cette fois tout ce qui n'était pas absolument nécessaire pour atteindre Andriba, le poste le plus rapproché des établissements Suberbie où on pouvait espérer trouver quelques secours. Une foule d'objets précieux même y passèrent. Sur deux bréviaires, les missionnaires n'en gardèrent qu'un. Quand à leur chapelle, elle avait disparu à la première razzia. Et cela dura ainsi jusqu'au 20 novembre. A chaque étape, les Français trouvaient le village ou la région choisie pour la halte révolutionnée par le *tsimandoa* qui, deux heures avant l'arrivée de la colonne, prévenait les habitants qu'il ne fallait ni vendre aux *Vasahas* (blancs) des vivres pour la route, ni fournir des porteurs pour les paquets. Parfois ces luttes étaient absolument dramatiques. Des soldats hovas, des pillards assemblés accueillaient la colonne par des cris, des injures, des démonstrations menaçantes. Et il fallait continuer la route au milieu de mille privations. Cela dura jusqu'à Andriba, où eut lieu peut-être la plus menaçante des manifestations organisées par les Hovas et les Sakalaves contre la colonne française. Aux établissements Suberbie, les Français eurent enfin leur ravitaillement assuré. Ils l'avaient échappé belle.

Et néanmoins, au milieu de ces angoisses et de ces dangers, la gaieté française n'avait point perdu ses droits. Il faut lire dans le récit du P. Dupuy l'histoire du *tsimandoa* qui avait eu l'insolence de venir dans le camp français réclamer l'argent d'un porc que, malgré sa défense, les habitants d'un village Sakalave avaient vendu aux voyageurs. Le commandant en un tour de main, jette mon *Tsimandoa* par terre. « Ah! c'est toi canaille qui nous fait de la misère depuis Tananarive ; tu vas me payer ça. » Et il demande son rasoir. A la vue de cet instrument, le *tsimandoa* se croit mort, et son visage trahit une frayeur épouvantable ; à plat ventre, il lèche les bottes du commandant qui, grave et décidé, passait et repassait son rasoir dans sa main gauche. Et pendant que les soldats de l'escorte rient aux larmes, le malheureux s'écrie : « Pardonnez-moi, mon maître, je ne vous fais pas de la misère ; je vous accompagne au nom de la reine pour vous protéger. »

On juge de la gaieté redoublée de l'escorte. Finalement le commandant chassa le gaillard plus mort que vif du camp en lui criant de ne plus reparaître s'il tenait à sa peau. Et le fait est qu'on n'entendit plus parler de lui.

A Mevatanana où la colonne trouva en abondance des

vivres et des secours de toute sorte, elle faillit avoir une bataille rangée avec la garnison. Le gouverneur, à qui on avait raconté que les voyageurs français étaient tous épuisés ou morts, brûlait de se signaler et mit ses hommes en bataille, un millier d'hommes contre le petit convoi français. Mais si l'escorte était en piteux état, pas un homme ne manquait à l'appel et, au premier coup de clairon, le gouverneur eut devant lui une troupe admirablement armée et prête au combat. En outre, tous les employés de l'établissement Suberbie français ou arabes accouraient armés de fusils à répétition qu'ils ont toujours pour se protéger contre les brigands officiels ou non. Alors le gouverneur jugea plus prudent de parlementer. Il le prit d'ailleurs de très haut. Cela ne lui réussit guère, vu que M. Ranchot, au nom de l'escorte, l'envoya très bien promener avec « les paroles de la reine » et refusa carrément de prendre la route des marais de Marovoay. Mais on tenait à éviter une bataille et pour aller chercher l'Ikopa, il fallait prendre, avec l'aide des employés de l'établissement Suberbie, un canal de trois kilomètres. Les Hovas se tinrent tranquilles et après une navigation difficile sur l'Ikopa en raison de la baisse des eaux, les voyageurs étaient enfin recueillis le 20 novembre par la *Rance*, qui les attendait, et le soir même les débarquait à Majunga.

Malgré « la fièvre et la forêt, » ces deux gardiennes

invincibles de Tananarive, une petite colonne de soixante-dix-huit soldats français avec ses officiers, ses aumôniers et quelques civils, avait donc pu faire cette route, jugée impossible, de la capitale à Majunga. Elle avait traversé les régions les plus malsaines, reçu soit le jour, soit la nuit, des torrents de pluie, marché par le grand soleil ou les averses diluviennes, essuyé mille embûches, mille traîtrises, mille privations cruelles. Et alors qu'on avait annoncé à coup sûr son anéantissement, elle avait pu atteindre Majunga sans avoir ni un blessé ni un malade. Comment n'aurait-on pas vu dans dans cet heureux dénouement un bon présage pour la future expédition par Majunga?

La colonne des voyageurs de l'Est, elle n'avait mis que cinq jours pour descendre de Tananarive à Tamatave. En même temps qu'elle arrivait à la côte, on signalait le débarquement du colonel Shervington qui, acompagné de deux ou trois autres officiers anglais, venait par Mananjary offrir ses services aux Hovas contre les Français. Ils ne devaient pas faire merveille auprès de leurs chers alliés. Ils furent bien reçus; on les combla de brillantes promesses et certains journaux de Londres ne se firent point faute d'annoncer alors que grâce à ces valeureux guerriers, les Hovas offriraient à la France une résistance invincible. Et cependant nos troupes ne devaient point avoir affaire à eux. Soit qu'ils eussent mis leur concours à trop haut prix, soit qu'ils eussent réclamé trop de pouvoirs pour former les troupes Hovas à la mode européenne, ils finirent par ne pas s'entendre avec Rainilaiarivony et, un beau jour, de guerre lasse, ils repartirent pour la côte et se rembarquèrent pour le Cap et Londres. Rainilaiarivony était méfiant. Il eut peur sans doute de se remettre entre leurs mains. Le seul Anglais qu'on a signalé dans les hostilités contre les Français fut un nommé Graves, un sous-officier du Cap. Il ne fit d'ailleurs guère parler de lui et aujourd'hui on ne sait pas encore ce qu'il est devenu.

M. Le Myre de Vilers, descendu à Tamatave le 2 novembre, ne s'embarqua pas tout de suite pour la France. Il avait télégraphié au Ministère la nouvelle de l'échec de sa mission. Il attendait des instructions. Il attendait aussi, sans y compter beaucoup, un retour de bon sens chez le premier ministre.

A Tamatave, d'ailleurs, les Hovas ne semblaient pas croire à la guerre. Les autorités se montraient pleines de courtoisie à l'endroit du représentant de la France, qui, il faut l'ajouter, était sous la protection des canons de l'escadre française.

En France, personne ne fut surpris de la rupture, annoncée par M. Le Myre de Vilers. Il était clair que Rainilaiarivony, encouragé par l'impunité dont il avait joui jusqu'alors et par « l'inviolabilité » de Tananarive, n'était pas allé si loin pour reculer.

Le 14 novembre, le ministère arrivait à la Chambre avec une demande de crédits pour l'envoi d'une expédition de 15,000 hommes à Madagascar.

Ce fut M. Hanotaux, alors ministre des affaires étrangères, qui présenta aux députés un exposé des rapports de la France avec Madagascar. Il fit donc un rapide historique de la question et rappela la longue et incomplète campagne de 1883-1885 et le traité qui en avait été la conclusion. Ce traité, les Hovas l'avaient toujours éludé, tâchant d'annuler en pratique les conventions que la France avait exigées pour le développement de son influence à Madagascar. Fatigué d'un protectorat qui ne protégeait plus rien et averti par son représentant à Tananarive de l'insolence grandissante des Hovas, le gouvernement avait en dernière ressource dépêché là-bas M. Le Myre de Vilers. Il s'agissait de préparer le retour vers la côte de tous nos nationaux disséminés dans l'intérieur de l'île et de faire une suprême tentative de conciliation.

Le premier ministre avait répondu à M. Le Myre de Vilers par des contre-propositions qui étaient la négation même de notre protectorat. Et M. Hanotaux, qui lisait tout son discours comme pour mieux prouver qu'il n'avait rien voulu laisser au hasard de l'improvisation, résuma en ces termes le fond de la proposition :

« Puisque le gouvernement hova n'a pas accepté la

situation qui résultait des traités passés avec lui, nous la lui imposerons, si vous y consentez.

» Le gouvernement va déposer une demande de crédits. Ce projet devra être étudié par les deux Chambres ; je n'en exposerai pas le détail en ce moment, mais dans notre pensée l'expédition doit être assez forte pour aller à Tananarive dans une seule campagne et pour conserver l'avantage acquis.

» L'effort à faire est assez vigoureux, mais le résultat sera décisif. J'ajoute que si nous avons pressé le départ de M. Le Myre de Vilers, si nous vous demandons dès aujourd'hui une solution rapide, c'est que le temps nous presse. L'expédition veut être préparée de longue main. Il faut rassembler les porteurs, construire des bateaux.

» Le chiffre du crédit repose sur une étude attentive de la situation en présence de laquelle nous allons nous trouver ; 15.000 hommes et 65 millions paraissent indispensables pour une action méthodique et décisive. »

Comme conclusion le ministre ajoutait que du côté des puissances étrangères la question était entièrement déblayée ; il n'y avait à craindre aucune objection, aucune entrave, et la France pouvait aller où ses droits et ses intérêts l'appelaient.

Le discours ne pouvait manquer d'être applaudi par la majorité de la Chambre qui fit aussi grand accueil au général

Mercier, ministre de la guerre, quand, en son nom et au nom de ses collègues de la marine et des finances, il déposa la demande de crédit de 65 millions.

A la Chambre comme au Sénat la demande de crédit fut votée sans retard, et le gouvernement se trouva armé de toutes les ressources qu'il réclamait pour résoudre enfin à l'honneur de la France cette éternelle question de Madagascar.

L'intervention du général Mercier prouvait que c'était le ministère de la guerre qui prenait la responsabilité de l'expédition. Mais la chose n'avait point marché toute seule.

La marine à qui jusqu'alors on n'avait accordé que des crédits dérisoires pour subjuguer les Hovas paraissait désignée pour mener enfin à une heureuse conclusion l'œuvre définitive. M. Félix Faure, qui était en ce moment ministre civil de la marine, réclamait pour son département l'honneur de l'entreprise. Mais le général Mercier avait réclamé de son côté et il était soutenu par M. Casimir-Périer qui « passait » alors à la Présidence. Ce fut lui qui l'emporta naturellement. Le ministère de la marine devait cependant être associé dans une grande mesure à l'expédition. En plus de l'escadre et des troupes de marine qu'il avait à fournir, il était forcément chargé de la grosse question des préparatifs et des transports. Son chef d'alors, M. Félix Faure, eut même l'idée de s'adresser pour le transport d'une partie du matériel à une Compagnie anglaise et ce ne fut pas une idée heureuse. Non certes que nous croyons, comme on l'a dit, que des navires anglais se soient abordés dans le détroit de Messine pour jouer un tour aux Français ; mais enfin le moyen qu'on avait pris pour aller plus vite devait être précisément la cause des premiers retards et des premiers mécomptes.

Cela en somme c'était la question d'exécution. L'organisation même de l'expédition relevait du ministère de la guerre et le général Mercier se mit sérieusement à la besogne. Il fallait d'abord désigner le chef de l'exécution. Et ce choix fait, le ministre de la guerre, s'inspirant du précédent heureux de la Restauration lors de la conquête de l'Algérie, comptait bien remettre entre les mains du chef désigné la direction de tous les préparatifs. Qui était digne de conduire les soldats de la France devait être capable de préparer l'expédition. On voulait que là-bas nos troupes assurées de toutes les ressources nécessaires pour la campagne n'eussent, comme jadis lors de notre première guerre d'Algérie, qu'à se préoccuper de vaincre l'ennemi.

CHAPITRE XII

Le choix du chef de l'expédition. — Le général Duchesne. — Ses principaux collaborateurs. — La composition du corps expéditionnaire. — M. Le Myre de Vilers à Tamatave. — Assassinat de M. de Sornay. — Premières hostilités. — La légèreté des guerriers hovas. — Prise de Tamatave par le commandant Bienaimé. — Départ de M. le Myre de Vilers et de M. Ranchot pour la France.

Plusieurs noms avaient été mis en avant pour le commandement de l'expédition de Madagascar. On avait d'abord parlé du général Borgnis Desbordes, sorti de l'artillerie de la marine, qui avait déjà fait à Madagascar une tournée militaire et avait l'avantage de connaître le pays ; du général Bichot de l'infanterie de marine, qui avait fait campagne au Tonkin. Mais du moment que le ministère de la guerre avait réclamé pour lui la direction de la campagne, les noms de ces officiers appartenant aux cadres de la marine devaient être écartés. On parla alors de deux commandants de corps d'armée, le général Giovaninelli, et le général Hervé. Mais le ministre de la guerre désigna le général Duchesne qui commandait alors une division d'infanterie du 7e corps à Belfort, et ce fut un choix excellent.

Le général Duchesne a des états de service superbes. Sorti de Saint-Cyr, il a fait la guerre d'Italie comme sous-lieutenant, y fut blessé à Solférino, et en revint avec la croix de la Légion d'honneur. Trois ans après, il était capitaine; depuis lors, on peut dire qu'il a gagné tous ses grades sur le champ de bataille.

Pendant l'année terrible, il s'est battu à Sarrebruck, à Forbach, puis à toutes les grandes batailles livrées à la frontière et autour de Metz. On le retrouve ensuite chef de bataillon aux bataillons d'Afrique, aux zouaves, puis lieutenant-colonel de la Légion sous Négrier pendant l'insurrection du sud oranais. Il ne quitte l'Algérie que pour le Tonkin où, après la prise de Bac-Ninh, il est promu colonel et où pendant un an il est toujours sur pied pour traquer les Pavillons noirs et les Chinois. L'héroïque Courbet, qui l'a vu à l'œuvre, le demande pour la terrible et inutile expédition de Formose voulue par Jules Ferry, et là, pendant des mois, avec des troupes fatiguées par un climat malsain, éprouvées par des pluies incessantes, mal vêtues, mal nourries, mais malgré tout enlevées par l'ardeur de leur chef, il fait des prodiges de valeur, et prend partout l'offensive contre les Chinois déconcertés de la *furia francese.* Courbet qui se connaissait en hommes, a fait les plus beaux éloges du général Duchesne qui, rentré en France en 1885 avec la croix de commandeur de la Légion d'honneur, était nommé général de brigade en 1888, et cinq ans après, passait général de division et était envoyé à la tête d'une de nos plus belles divisions d'avant-garde, celle de Belfort.

Le palais de la Reine, à Monampisoa.

Son portrait le représente comme un homme dans toute la force de l'âge; né en 1837, il a aujourd'hui près de 59 ans. Il a les cheveux poivre et sel, la moustache en brosse, la taille assez grande, l'œil brun et calme, et donne à le voir l'impression de la vigueur et de l'énergie. On le dit capable de résister au plus dures fatigues, doué de tous les dons qui entraînent le soldat. Il passe surtout parmi ceux qui le connaissent pour posséder le plus imperturbable sang-froid au milieu de l'action et du péril.

Avec un pareil chef, le succès de l'expédition était assuré. Le général n'avait rien demandé. Il devait lui en coûter de quitter le beau poste d'avant-garde, où depuis vingt-cinq ans, les soldats de la France veillent sur une frontière perdue. Mais au premier appel du ministre qui l'avait choisi sur l'excellence de ses états de services, le général Duchesne accourut à Paris pour diriger l'organisation de l'expédition. Ce fut lui qui présida la commission spéciale, instituée pour régler tous les détails et tous les services d'une campagne qu'on voulait prompte et décisive. Il y avait là des hommes désignés par leur compétence pour mener à bien cette organisation difficile et compliquée. S'il y a eu des fautes commises, nous ne nous chargeons pas d'en expliquer la cause. Ce qui est certain, c'est que le choix du chef était bon. Il a fallu demander aux troupes plus qu'on ne comptait leur demander. Le travail « indigène, » sur lequel on avait peut-être fait trop de fonds, a manqué. Les soldats, trop jeunes et insuffisamment préparés à subir les fatigues d'un climat malsain, ont donné une proportion d'indisponibles et de morts qui dépassa toutes les prévisions. Et avec des effectifs réduits dans des proportions absolument alarmantes, au milieu de difficultés infinies qui inspiraient à nos ennemis les pronostics les plus sinistres sur l'expédition, le général Duchesne a sans arrêt et sans défaillance mené jusqu'au bout cette héroïque marche sur Tananarive. Mais n'anticipons pas et revenons à la phase des préparatifs.

Un des premiers soins du général Duchesne avait été de choisir ses principaux collaborateurs. Pour commander la première brigade de l'expédition, celle qui devait établir à Majunga notre base d'opérations, il demanda le général Metzinger qui, comme lui, avait fait campagne en Algérie, au Tonkin, et avait les plus beaux états de service. Le général Voyron, commandant de la 4e brigade et des batteries du 5e arrondissement maritime et dont la carrière avait été aussi distinguée, fut appelé au commandement de la seconde brigade.

Enfin, pour chef d'état major, le général Duchesne fit choix du général de Torcy, qui, en outre de sa grande valeur militaire, condition *sine quâ non* pour le poste difficile et délicat où on l'appelait, ne devait pas peu contribuer à donner aux Hovas une haute idée de nos soldats, car il passe pour un des plus beaux hommes de l'armée française.

Quant à la composition du corps expéditionnaire, il devait être formé de :

14 bataillons d'infanterie.
7 batteries d'artillerie.

1 escadron de cavalerie.

4 compagnies du génie.

1 escadron du train à 6 compagnies.

3 sections mixtes de munitions.

2 sections du parc.

Plusieurs détachements d'ouvriers d'artillerie et d'artificiers.

1 section de commis et ouvriers d'administration.

1 section d'infirmiers.

Sur cet effectif, l'armée de terre devait fournir :

1 régiment d'infanterie à 3 bataillons de 3 compagnies.

1 régiment de chasseurs à pied à 4 compagnies.

1 bataillon de zouaves.

1 bataillon de la Légion étrangère.

2 bataillons de tirailleurs algériens.

Plus toutes les sections auxiliaires, moins une section mixte de munitions.

On demandait à l'armée *coloniale*, qui existe en fait aux colonies — où y est envoyée, bien que l'on attende toujours sa création par les Chambres :

6 bataillons, dont 3 de la métropole et 3 de troupes indigènes, savoir : un bataillon de Sakalaves, un de volontaires de la Réunion.

1 de Haoussas.
3 batteries de montagne.
1 section de munitions.

Le régiment de marche d'infanterie devait être formé de volontaires écrémés un peu de tous les régiments de la métropole ; on lui donnait le n° 200, ce qui avec l'organisation actuelle de l'armée constituait une innovation. En effet, depuis la création des régiments de réserve, ces unités prennent le n° du régiment qu'ils sont destinés à doubler en y ajoutant le n° 200. Ainsi le premier régiment de réserve est le 201me, le 21me, le 221me et ainsi de suite. Comme il n'y a pas de régiment 0, le deux centième régiment était donc le seul de son espèce, une manière de régiment hors cadres.

On installa le 200e régiment au camp de Sathonay, près Lyon. A la veille de son départ pour Madagascar, il reçut la visite officielle de M. Félix Faure qui venait de remplacer M. Casimir-Périer à la Présidence et qui lui fit la remise solennelle de son drapeau au milieu des ovations des populations du Rhône.

Pour le commander, le général Duchesne avait fait choix du colonel Gillon qui, riche et père de famille, n'hésita pas au premier appel à accepter de conduire au baptême du feu à Madagascar le nouveau régiment de l'armée française.

Les autres colonels, commandant les diverses unités de l'expédition étaient : M. Oudri, du 2e étranger; M. Palle, de l'artillerie, directeur de l'atelier de construction de Vernon ; M. Bouguié, du 13e régiment d'infanterie de marine ; M. de Lorme, du 2e régiment.

Enfin le groupe de batteries de montagnes de l'artillerie de marine était commandé par le chef d'escadron M. Delestrac; le groupe des batteries d'artillerie montée par le chef d'escadron M. Ruffey ; le parc d'artillerie par le chef d'escadron M. Silvestre ; le génie par le lieutenant-colonel M. Marmier; le train des équipages militaires par le chef d'escadron M. Deyme. Le 40e chasseurs à pied, formation nouvelle (comme le 200e), était commandé par M. Massiet du Biest, chef de bataillon. Enfin le corps de service de santé militaire avait à sa tête M. Emery Desbrousse, médecin principal de 1re classe à l'état-major du gouvernement militaire de Paris.

Pendant que s'organisait en France le corps expéditionnaire qui ne devait commencer la grande campagne sur Tananarive qu'à la belle saison, les premières hostilités avaient éclaté à Madagascar. En effet, dès que les journaux, contenant le compte-rendu des débats du Parlement français et les déclarations du gouvernement au sujet de notre querelle avec les Hovas, furent parvenus à Tananarive, Rainilaiarivony comprit que le moment était venu de chauffer un peu le patriotisme de son peuple. On commença des travaux de fortifications à Tananarive, fortifications que, d'après le premier ministre hova, « la fièvre et la forêt » rendraient bien inutiles. Mais il fallait bien frapper l'imagination populaire. En même temps les gouverneurs des provinces recevaient des ordres pressants pour appeler tous les Hovas à « la corvée militaire » de la reine. Il en résulta dans toute l'île une recrudescence d'agitation contre les étrangers. Aux environs même de Tamatave, un colon franco-mauricien, M. Charles de Sornay, était assassiné dans sa propriété d'Yvondrona par une bande de soldats hovas. Il avait eu le tort, a raconté froidement un journal anglais, le *Daily Graphic,* de refuser d'abandonner sa propriété nécessaire à la défense des lignes hovas.

En réalité, son seul crime était d'être Français de nom, de langue, de cœur et, croyons-nous, aussi de naissance. Puis il avait fourni des légumes frais aux Français de Tamatave ; et enfin il avait une maison bonne à piller. Il n'en fallait pas tant pour décider les guerriers de Rainilaiarivony à commettre ce lâche assassinat.

M. Le Myre de Vilers jugea que le temps d'agir était venu. Il n'y avait en ce moment sur la rade de Tamatave que les trois navires de la station navale, le *Primauguet,* le *Dupetit-Thouars* et le *Papin,* sous les ordres du commandant Bienaimé. Et on ne pouvait songer à occuper Tamatave avec ce modeste effectif d'équipages. Mais le 3 décembre, les compagnies d'infanterie de marine, qui tenaient garnison à Bourbon sous les ordres du lieutenant-colonel Colonna de Giovellina, recevaient l'ordre de s'embarquer sur le *Peïho* pour Tamatave. Le 5 décembre, ce navire mouillait devant la ville malgache, et M. Le Myre de Vilers adressait une dernière note au gouverneur hova en lui donnant cinq jours de réflexion. Ce délai expiré, le représentant de la France avertit les Consuls étrangers que les troupes françaises allaient occuper la ville. La chose, d'ailleurs, ne causa pas grand émoi, car on savait que les Hovas qui ne s'étaient nullement préparés, (on était là trop près des canons français), ne songeraient pas à une résistance sérieuse. On ne se trompait guère.

Voici ce qu'on allait voir. Au point du jour fixé par la note de M. Le Myre de Vilers, les navires de guerre français font le branle-bas de combat. Sur le *Peïho*, les clairons du petit corps de débarquement ont sonné joyeusement le « rassemblement. » Des chalands accostent le navire pour emporter les soldats qu'on voit sous les armes prêts à descendre. En même temps, sur toute la petite escadre, chacun est à son poste, et on distingue dans la mâture des vaisseaux les canons-revolvers qui étincellent aux rayons du jour et dans les embrasures des sabords les gueules noires des gros canons.

Mais dans la batterie hova qui doit défendre Tamatave, rien ne bouge et les Hovas sont là. Tous les Européens sont sur pied guettant anxieusement ce qui va se passer. Tout à coup un homme, un Français, M. Berthier, interprète du Consulat, se dirige en parlementaire vers le port et remet une sommation au commandant hova. C'est le suprême avertissement. Le tonnerre des canons va gronder. Mais, ô joyeuse surprise. M. Berthier a remis à peine sa sommation que les curieux postés sur les hauteurs de la ville, et les officiers qui, sur les navires avec leurs lorgnettes, surveillent le fort hova, en voient précipitamment sortir la garnison. La bande de trois cents guerriers hovas environ, gouverneur en tête, a trouvé qu'il était grand temps de filer, et les jambes à leur cou, avec une vitesse folle, gagnent tous les sentiers de la montagne. Des navires au rivage, un rire *homérique*, car pour rendre de pareilles scènes il faudraït les vers du vieil Homère, ébranle les airs et le colonel Giovellina presse l'embarquement de ses hommes sur les chalands. On occupera Tamatave sans coup férir.

Et cependant les Hovas ne sont pas tous partis du fort. Quand les Français, qui se sont établis déjà sur les principaux points de la ville, s'approchent du fort qui est en dehors, quelques Hovas se montrent; deux ou trois coups de fusil partent sans causer aucun mal. Mais du haut de sa passerelle, le commandant du *Dupetit-Thouars* surveille ce qui se passe; il a vu ce petit mouvement dans le fort, et il envoie à son adresse quelques coups de canon-revolver, plus deux obus. Les coups ont bien porté. Le pavillon hova est abattu. Trois Hovas sont blessés; les autres détalent comme ceux de tout à l'heure avec une célérité de lièvres, dans une panique indescriptible.

Le chef de bataillon Cluzel pénètre dans le fort suivi par le commandant Bienaimé qui fait arborer immédiatement le drapeau français sur la batterie. C'est, comme il le dit, la prise de possession de Madagascar par la France. On est désormais en terre française et on ne l'abandonnera plus.

Ainsi se passa la prise de Tamatave. Le commandant Bienaimé proclama l'état de siège, et mit rapidement la ville en état de défense, car les Hovas, si méprisants qu'ils eussent paru au feu, pouvaient tenter un retour offensif, une attaque de nuit. Ils étaient encore en force autour de Tamatave, notamment au fort de Farafate contre lequel avait échoué l'attaque tentée jadis par l'amiral Miot avec un trop petit corps de débarquement. Et le commandant avait à garder la place, non à pousser la guerre à l'intérieur.

Le 27 décembre, M. Le Myre de Vilers s'embarquait pour Marseille, et M. Ranchot, résident général adjoint, le remplaça dans ses fonctions de représentant de la France, jusqu'en janvier, époque où, à cause de l'état de guerre, il partait à son tour, laissant la direction de toutes les affaires à l'autorité militaire.

CHAPITRE XIII

A Diégo-Suarez. — Audace des hovas. — Combat d'Antanamitarana. — Les volontaires de la Réunion. — Prise d'Ambohimarina. — La chanson des bœufs de Tamatave. — A Fort-Dauphin. — Enlèvement de la garnison de Nossi-Bé. — L'occupation de Majunga. — Coup de main de Marohago. — Arrivée du général Metzinger. — Première expédition sur Méhabo Miadana et Maévarano. — Proclamation du général. — Retour à Majunga. — Fanfaronnade d'un général hova. — Prise de Marovoay. — Le commandant Bienaimé y arbore le drapeau français.

La proclamation du commandant Bienaimé qui réglait la prise de possession de Tamatave était du 12 décembre 1894. Le vaillant marin devait, un mois après, le 14 janvier, prendre Majunga, établissant ainsi la base d'opérations dans ce port de l'ouest, où le général Metzinger viendra en avril, un peu avant le général Duchesne, commencer l'expédition principale qui ira à travers mille obstacles et cent combats de la côte à Tananarive.

Mais, désirant conserver à notre récit l'avantage de l'unité, nous parlerons d'abord de la prise d'Ambohimarina, à l'intérieur de Diégo-Suarez. Elle n'eut lieu que vers la fin d'avril — alors qu'après Tamatave — cette « première oreille » du sanglier de Madagascar, comme disait l'amiral Pierre; nous avions « croché » aussi la seconde, Majunga, dès la mi-janvier.

Ce ne fut pas long, d'ailleurs. La garnison de Diégo-Suarez, affaiblie par le petit contingent d'infanterie qu'elle avait dû fournir pour l'occupation de Majunga, voyait d'une façon inquiétante l'audace des Hovas, quand elle reçut comme renfort le bataillon des volontaires de la Réunion sous les ordres du commandant Martin.

Jusqu'alors le rôle des Français à Diégo-Suarez avait été plus défensif qu'offensif. L'effectif militaire était faible, et les Hovas, au contraire, étaient en force dans les environs de notre colonie qu'ils pressaient de tous côtés. Partout ils avaient établi des postes, et au fort d'Ambohimarina ils avaient une garnison de 4,500 hommes. Néanmoins, dès le 19 décembre, le capitaine Jacquemin, à la tête d'un détachement de tirailleurs sakalaves, avait enlevé un poste hova vers Antanamitarana, en infligeant à l'ennemi des pertes sérieuses. Puis, quelques jours plus tard, un mouvement offensif des Hovas était vivement repoussé devant Manatsinjo.

Mais précisément à cette époque les effectifs de Diégo-Suarez étaient encore réduits par le retrait d'un contingent de tirailleurs sakalaves dont on eut besoin à Majunga et dans la baie de Passandara. Aussi les Hovas, enhardis, commençaient-ils de nouveau à resserrer le blocus de notre territoire, quand l'arrivée de quelques renforts de France et du bataillon des volontaires de la Réunion permit au colonel Piel, commandant en chef, de songer à « donner de l'air » à sa garnison.

Dans les premiers jours de février, le capitaine Rouvier allait occuper la position d'Antongohato avec une petite colonne et culbutait vigoureusement l'ennemi.

Vers le 20 février, le commandant Pardes, à la tête d'une colonne plus forte, marchait sur Antanamitarana, et après une vive fusillade et un court engagement d'artillerie, enlevait à la baïonnette les retranchements du fort que les Hovas abandonnaient précipitamment pour se dérober dans la forêt voisine.

Enfin, au mois d'avril, à la suite d'un plan arrêté entre le colonel Piel et le commandant Bienaimé, les troupes de Diégo-Suarez reçoivent la mission d'enlever Ambohimarina, le fort que les Hovas, à la cession de Diégo-Suarez, avaient construit contre les Français, le commandant Martin avait déjà demandé pour ses volontaires l'honneur d'être au premier rang pour combattre l'ennemi. Ils se trouvaient donc aux avant-postes. Avec deux de leurs compagnies, trois compagnies d'infanterie de marine et une section d'artillerie, le colonel Piel résolut de déloger l'ennemi d'Ambohimarina. Dans la nuit du 11 au 12 avril, la petite colonne leva le bivouac ; à quatre heures, les compagnies de volontaires prenaient contact avec les avant-postes ennemis et les culbutaient jusqu'à un bois voisin, d'où ils les délogeaient encore après un vif engagement. La journée avait

Transport à Tsarasotra des Hotchkriss pris à Beritsoka.

été chaude. La nuit était venue ; une pluie diluvienne tombait. Les volontaires, harassés, avaient à peine formé le camp que vers neuf heures leur commandant, ayant reçu des renseignements sur la situation de l'ennemi, donnait l'ordre de se remettre en marche. On allait dans l'eau, dans la nuit, sans souffler mot, quand vers dix heures on prit de nouveau contact avec l'ennemi. Abrités derrière un retranchement élevé à la hâte, les Hovas fusillaient nos volontaires sans leur faire grand mal, heureusement. On les aborda vivement à la baïonnette, et les Hovas, pris de panique, lâchèrent pied pour se réfugier derrière un second retranchement où était apparemment le gros de leurs forces.

Après une halte d'une demi-heure pour laisser reposer son monde, le commandant Martin donne ordre de marcher sur le second retranchement, et à quatre heures du matin on désespérait de trouver le campement ennemi, quand retentit le qui vive des Hovas : *Zouvi! Zouvi!* La fusillade commence; puis, d'un élan furieux, la petite colonne française arrive au pied du retranchement, enlève la position, et les Hovas, culbutés, fuient dans toutes les directions. Pour le coup, la petite troupe française avait conquis le droit de se reposer. Elle n'avait plus devant elle que le fort d'Ambohimarina, et le commandant Martin songeait que, vu la résistance, que pied à pied lui avait opposée les Hovas, il trouverait là une résistance autrement acharnée et vigoureuse. Les naturels disaient la position inexpugnable ; Ambohimarina était en outre pour les Hovas un centre d'approvisionnement et le quartier général de la région. Du reste, on savait qu'ils y avaient une forte garnison. On juge donc de la surprise du commandant Martin et de ses hommes quand, au petit jour, ils apprirent par un indigène venu aux avant-postes que la position était évacuée. On y pénétra en effet sans coup férir.

Le gouverneur d'Ambohimarina, un nommé Ratovelo (14e honneur), c'est-à-dire une manière de maréchal parmi les Hovas, avait déménagé avec une telle précipitation qu'il avait laissé là tout son mobilier et sa correspondance.

En apprenant que les Français avaient enlevé le dernier retranchement qui défendait la place, il avait certainement pensé qu'ils poursuivraient sans s'arrêter cette marche foudroyante de nuit, qu'ils allaient arriver sur lui, et bravement il avait pris avec ses hommes et le révérend Tacchi, un missionnaire anglais son ami, la poudre d'escampette.

C'était pour nos troupes, pour nos petits volontaires, une prise énorme. D'un coup, la puissance des Hovas dans la région était anéantie. En outre, le fort était un vaste centre d'approvisionnements. Les magasins étaient pleins de denrées alimentaires ; dans la plaine que protégeaient les canons d'Ambohimarina, on ne trouva pas moins de cinq mille bœufs, et, des porcs et des volailles par milliers.

Quand les troupes rentrèrent à Diégo-Suarez, ce fut un enthousiasme général dans la population, et une série d'ovations. Le commandant Bienaimé se trouvait justement en rade. La colonie offrit à tous les officiers de terre et de mer un vaste punch d'honneur, et le commandant ainsi que le colonel Piel, burent aux troupes vaillantes de la colonne expéditionnaire et particulièrement aux petits volontaires de la Réunion qui avaient marché au feu avec la vaillance et le sang-froid de vieux soldats.

La chaleur de cette manifestation disait bien les longues inquiétudes par lesquelles venait de passer la colonie. L'effort décisif tenté contre les Hovas et la prise d'Ambohimarina qui lui rendait l'abondance ramenaient aussi une entière sécurité.

A Tamatave, les troupes françaises, moins heureuses, devaient se borner au service de place. Et les Hovas, retranchés à Farafate, se croyaient inexpugnables parce que le colonel Giovellina disposant de forces insuffisantes pour une attaque en règle, n'avait tenté que des reconnaissances rapidement exécutées. Mais on était suffisamment protégé contre leurs incursions, on ne redoutait guère leur artillerie que de temps à autre on faisait taire par quelques obus envoyés tantôt par un des navires en station, tantôt par une batterie de la ville. Pourquoi les Français auraient-ils risqué une attaque à fond? Le colonel n'avait pas assez de troupes pour occuper la place. On resta donc à Tamatave, l'arme au pied, attendant avec impatience les progrès de l'expédition de l'ouest, et supportant du mieux qu'on le pouvait l'ennui d'une ville en état de siège et les attaques de la fièvre. En outre, les Hovas tenant tous les environs, on manquait assez souvent de vivres frais. Cela inspira même les poètes de la garnison, et l'un d'eux, à propos de cette existence qui les condamnait « à la vache enragée, » rima une chanson dont nous trouvons deux strophes dans le volume de M. Galli (1).

Les pauvres bœufs qu'on voit passer
Ne trouvant plus rien à manger
Ni chou ni rave,
Se promènent bien tristement
Et maigrissent publiquement
A Tamatave.

Ils vont paître près du Rova
Demeure antique du Hova,
Humide cave
D'où des officiers biscornus
S'élançaient sur les revenus
De Tamatave.

A Tamatave, du moins, la colonie avait toujours été en sécurité à cause de la garnison et des canons de la division navale.

Sur d'autres points de la grande île, les Français, après la déclaration de guerre, coururent de graves dangers.

A Fort-Dauphin, les colons qui avaient eu l'imprudence de rester dans la ville et aux environs, malgré la rupture, furent au commencement de janvier, molestés de toutes

(1) *La guerre à Madagascar*, par H. Galli. GARNIER Éditeur.

manières, et finalement forcés d'abandonner tous leurs biens dans les vingt-quatre heures pour avoir la vie sauve. Ils ne durent leur salut qu'à deux paquebots anglais qui, pour les besoins de leur commerce, vinrent à Fort-Dauphin.

Dans la baie de Saint-Augustin, sur la petite île de Nossi-Vé, la garnison hova se croyait absolument maîtresse de la vie et des biens de nos nationaux. Après avoir accablé les Français de mauvais traitements et d'indignités, le gouverneur décréta que par le premier courrier — c'était le lendemain — tous les colons français quitteraient la ville. Cela se passait le 13 février. Le lendemain, le premier navire qui parut à l'horizon ne fut pas le paquebot-courrier, mais la petite canonnière française le *Météore*.

Le commandant, auquel on raconta ce qui se passait, prit rapidement une décision. Et il fit avertir nos nationaux qu'il allait agir. Puis, à la tête d'une vingtaine d'hommes, il se jeta à l'improviste sur le fort hova situé à quelques pas de la plage. Ce fut un spectacle mémorable. Les Hovas, affolés, s'éclipsèrent avec une soudaineté comique. Les uns se sauvaient par dessus les palissades pour aller plus vite ; les autres, en toute hâte, se blottissaient dans les étables du fort. Quant au gouverneur, il s'était réfugié sous un lit, et le commandant Jaubert dut, pour l'en faire sortir, employer des coups de canne, car pas un coup de fusil ne fut tiré. L'équipage du *Météore* n'eut besoin que de ses jambes pour faire quarante-trois prisonniers. L'île était désormais débarrassée de sa garnison hova, qui, au lieu d'expulser les colons, était elle-même expulsée honteusement et conduite à Majunga par le paquebot sur lequel elle avait voulu embarquer ses victimes.

Car c'était à Majunga qu'était le véritable centre de la guerre. Comme on l'a vu, au commencement de ce chapitre, le commandant Bienaimé s'en était emparé le 14 janvier. Quelques coups de canons de ses trois navires, le *Primauguet,* le *Gabès,* et le *Météore,* avaient suffi pour faire évanouir la faible garnison hova. La compagnie de débarquement ne rencontra aucune résistance quand elle descendit pour arracher le drapeau ennemi, sur le fort, et le remplacer par le drapeau français. Deux jours après le *Romanche* et le *Rance* amenaient, au commandant, cinq cents hommes de renfort avec lesquels il procédait définitivement à l'occupation de Majunga.

L'occupation n'alla point d'ailleurs toute seule. Nos rapports avec les Sakalaves de la côte devaient être difficiles. Outre que chez eux il régnait une grande défiance à notre égard depuis qu'après la dernière guerre nous les avions abandonnés, malgré nos promesses, aux rancunes du gouvernement hova, ils étaient naturellement, dans cette région, voleurs et pillards. Il n'y avait à faire fond que sur ceux qui étaient restés toujours en contact avec nous. Leurs tirailleurs notamment, nous ont fourni des troupes excellentes. Mais dans leurs campements nomades, autour de Majunga, ils se montraient d'un commerce fâcheux. Pour la question des subsistances on eut avec eux mille difficultés. Ils excellaient à reprendre nuitamment les troupeaux qu'ils avaient, dans la journée, vendus pour l'approvisionnement des troupes. Nos officiers d'administration eurent constamment maille à partir avec eux. Et plus d'une fois il fallut sévir, à leur endroit, avec rigueur.

Quant aux Hovas ils avaient tout d'abord disparu. A dix kilomètres à la ronde on n'en trouvait plus. Leur poste fortifié, le plus rapproché, était Marohago, précisément à dix kilomètres de Majunga, sur un petit cours d'eau qui se jette dans la baie de Bombetoke.

Puis, voyant que les Français ne les recherchaient point, ils s'enhardirent. On les vit, peu à peu, reprendre le terrain qu'ils avaient abandonné sans combat. En même temps ils cherchaient à persuader aux Sakalaves que les ennemis de la reine de Madagascar n'iraient pas plus loin, qu'ils resteraient bloqués dans Majunga, bref que l'expédition finirait comme celle d'il y a dix ans.

Le commandant Bienaimé avait pour instructions d'occuper Majunga, d'y attendre les premières troupes de l'expédition et de ne risquer aucune opération à l'intérieur.

Comme à Tamatave, il avait, par une proclamation,

Campement.

annoncé que la France prenait définitivement Madagascar sous son protectorat promettant ainsi aux Sakalaves de les débarrasser des pillages et des persécutions du régime hova, et de leur donner un gouvernement paternel et éclairé.

Mais il fallait leur montrer aussi qu'en attendant la grande expédition sur Tananarive, les Français étaient déjà assez forts pour atteindre les Hovas et leur inspirer quelque respect.

Le commandant décida en conséquence qu'on chasserait les Hovas de Marohago où l'ex-gouverneur de Majunga s'était réfugié et d'où il prétendait menacer les Français. Il fit reconnaître la position par eau, et dès le lendemain l'enseigne de vaisseau Compagnon s'embarquait avec une section d'infanterie de marine sur le *Boëni*, un petit vapeur de la maison Suberbie, que sa quille plate rendait admirablement propre à la navigation par des basses eaux.

Le *Boëni* fût, pour la circonstance, armé d'un canon revolver. Et à huit heures du matin il débarquait la petite colonne à une heure environ du fort de Marohago. Les Hovas n'avaient rien vu, que la petite troupe était déjà rendue à leur portée ayant profité de tous les accidents de terrain pour déguiser son mouvement. Cependant ils avaient de la méfiance et faisaient le guet aux alentours du fort. Au premier cri d'alarme ils coururent derrière leurs palissades et ouvrirent le feu sur les Français. Un mouvement tournant d'une escouade de la section, sous les ordres du lieutenant Vallier, les décida à une fuite rapide. Et après avoir rasé le fort et fouillé le village, où elle s'empara de quelques trophées, la petite colonne se rembarqua pour Majunga sans avoir perdu un homme.

Il ne fallait pas songer à poursuivre cet avantage. Le commandant Bienaimé avait voulu seulement donner une leçon aux Hovas et leur enlever de leur insolence jusqu'à l'arrivée de l'avant-garde du corps expéditionnaire qui allait bientôt permettre une action plus vigoureuse.

Ce fut le 28 février que le *Shamrock* mouilla devant Majunga, avec cette avant-garde, sous les ordres du général Metzinger.

Les appontements n'étaient pas prêts ; les chalands de débarquement manquaient. Et néanmoins, grâce au concours empressé des équipages de la division navale, le débarquement put s'opérer assez vite. Nos soldats y mirent de leur côté toute leur bonne humeur. Expédiés par petits paquets, dans les embarcations de l'escadre, les premiers partants criaient, à ceux qui attendaient leur tour : « Au revoir ! à Tananarive ! » Et le soir même nos tirailleurs campaient sous la tente, au *camp des Manguiers,* sur une hauteur, à deux kilomètres de la ville.

En arrivant, nos vaillants troupiers purent prendre connaissance du plus redoutable des ennemis qui les guettaient sur cette côte inhospitalière. Cet ennemi, ce n'était pas le Hova qui, posté à plus de dix kilomètres derrière des retranchements, allait bientôt révéler ses remarquables dispositions pour la course. C'était le climat. On était encore dans la mauvaise saison. En traversant la ville, les premiers détachements de l'avant-garde avaient vu les figures anémiées de nos fantassins de la marine, trop jeunes pour la plupart et qui, astreints depuis plus d'un mois au pénible service de l'occupation, payaient leur tribut à la fièvre. Il faisait une chaleur étouffante. Et dès le premier soir une pluie diluvienne les inonda dans leur camp. C'était la fièvre, le véritable ennemi, et à cet ennemi nos malheureux petits troupiers ont fait tête avec un courage et un entrain dont les échos nous ont plus d'une fois étreint le cœur.

Jamais la France n'eut plus braves enfants pour porter au loin l'amour de sa gloire et l'honneur de son drapeau.

Mais sans plus de réflexions, disons rapidement la série de leurs exploits.

Le général Metzinger avait pour instructions de préparer les voies de l'expédition. Aux premiers jours de mars, il ne comptait encore sous ses ordres qu'un bataillon de tirailleurs algériens et les compagnies d'infanterie de marine et de sakalaves. Et avec cela il devait, par des reconnaissances, déblayer toute la région et conduire jusqu'à Marovoay, près du confluent de la Betsiboka et de l'Ikopa, la tête de ligne des opérations. Le but de ce plan était double. Il débarrassait la côte des bandes hovas qui pouvaient en imposer encore au pays. Et il préparait pour le gros de la colonne expéditionnaire, quand elle arriverait, un excellent terrain d'action qu'elle pourrait gagner par voie fluviale en franchissant d'un seul coup les premiers marais du littoral.

Pour mener à bien cette opération, il avait à ses ordres la division navale. Il s'embarqua donc sur le *Primauguet*, qu'escortaient *le Gabès*, le *Boëni*, *la Romanche*, ce dernier bâtiment portant de l'infanterie de marine et de l'artillerie, et remonta par eau le Betsiboka. En même temps deux colonnes, l'une sous les ordres du commandant Belin à droite, l'autre commandée par le capitaine Rabaud à gauche, suivaient à terre le cours du fleuve.

Le mouvement avait commencé le 24. Le 26 au soir, la colonne Rabaud prenait contact, un peu au-dessous du fort de Mahabo, avec les Hovas qui, la découvrant à l'heure du dîner, tentaient contre elle une surprise. Le capitaine Rabaud se contenta de repousser l'attaque par des feux de salve, balaya le terrain et, ayant pris ses précautions pour la nuit, mit ses hommes au repos. Le lendemain au point du jour, secondé par le *Boëni* qui avait pris position devant le fort hova et lui envoyait quelques décharges de ses canons-revolvers, il s'élançait à l'assaut, mettait les Hovas en fuite et entrait dans Mahabo où les Sakalaves jetaient avec empressement leurs armes aux pieds des turcos en signe de soumission.

On ne fit aucun mal, naturellement, à ces pauvres diables, ce que voyant ils se mirent à danser avec frénésie. Puis, ils offrirent à nos soldats des vivres en abondance. Ce furent de vraies ripailles, les premières auxquelles prenaient part nos petits troupiers en ce terrible pays.

Pour encourager ces bonnes dispositions, le général Metzinger fit distribuer partout dans le pays la proclamation suivante dans le meilleur style local :

« Paroles du général commandant les soldats du premier corps de troupes qui vient pour combattre :

» Il vous dit :

» Enfants de Madagascar, les Français sont venus à Madagascar aussi nombreux que des fourmis, et ils sont venus pour monter jusqu'à Tananarive.

» Ils ne sont pas venus pour vous prendre vos propriétés, ni la terre de vos ancêtres, mais pour forcer le gouvernement hova à exécuter avec équité et loyauté une précédente convention.

» Quand la guerre sera terminée et que le pays sera pacifié, les affaires augmenteront et doubleront. Si les habitants reviennent dans leurs foyers, il ne leur sera infligé aucun châtiment; mais ils seront considérés comme fidèles et dignes de confiance. Il ne vous sera plus imposé aucune corvée, soit à ceux qui travaillent pour le gouvernement hova, soit aux soldats qui n'étaient pas payés par leurs gouverneurs, car ce sont eux qui vivent de votre propriété. Tel est l'usage de votre gouvernement.

» Mais dorénavant personne, pas un seul, ne pourra plus vous dire : « Ceci est pour moi, » et personne n'aura plus à répondre : « Je suis ton esclave. »

» L'ordre ne sera pas rétabli dans le pays tant qu'il y aura des gens qui font le mal et qui appartiennent à quelque bande de brigands. »

Et, après avoir rappelé le souvenir des négociants français assassinés et pillés, et dit que la France voulait le règne de la justice à Madagascar pour le grand comme pour le petit, la proclamation concluait ainsi :

« Rainilaiarivony n'a pas voulu écouter les bonnes paroles que la France lui a données, tandis qu'il a prêté l'oreille à quelques mauvais conseillers qui pensaient mal et avaient de mauvais desseins.

» Mais à cause d'eux, on ne peut pas plus longtemps en France fermer les yeux. Avec ses canons et ses fusils, la France prendra ce que l'amitié n'a pu obtenir.

Dans la brousse.

» Et ce qui vient d'être dit est la cause de la guerre et de la misère. Pour ceux qui seront avec elle, la France montrera bon cœur et elle leur montrera de l'amitié; mais s'il y a des mauvais hommes qui cherchent à l'empêcher de faire ce qu'elle a résolu, malheur à eux!

» METZINGER,

» Général, Chef de l'avant-garde du corps français. »

Pour appuyer l'effet de cette proclamation bien faite pour frapper l'esprit des populations indigènes, il fallait surtout montrer de la vigueur contre les Hovas. Le général ne se contente donc pas de la prise de Mahabo. Il descend avec son escorte sur la rive droite de la Betsiboka, prend le commandement de la colonne principale, s'empare avec un détachement de 189 hommes du fort de Maevarano où, après lui, le commandant Belin avec le reste de la colonne entre sans coup férir, et au prix d'une marche terrible, sous un soleil de feu et à travers des marais interminables, atteint Miadana, un camp retranché où les Hovas sont en force. Là l'ennemi semble décidé à une résistance sérieuse; nos troupes sont accueillies par une fusillade nourrie, par des décharges d'artillerie. Mais nos soldats, après quelques obus et quelques feux de salve, s'élancent à la baïonnette sur les retranchements et mettent les Hovas en fuite. Le général Metzinger avait même le désir de pousser jusqu'à Marovoay le centre de la domination hova dans le pays. L'ennemi était démoralisé ; on l'aurait culbuté et accompli d'un seul coup cette magnifique marche en avant.

Le temps ne le permit pas. La saison était toujours inclémente. Une pluie diluvienne avait mis fin au combat de Miadana. Les soldats campaient dans la boue ; les bagages de l'artillerie étaient embourbés. Le nombre des malades avait augmenté tout d'un coup ; les hommes, harassés par ce terrible climat, pouvaient à peine porter leurs sacs. Il fallait leur donner du repos et attendre la fin des mauvais temps. Le général laissa un détachement à Miadana, un détachement à Maevarano, et retourna avec le reste des troupes, les malades et les blessés à Majunga. Là les baraquements étaient à peu près habitables, les services hospitaliers fonctionnaient régulièrement, les troupes pouvaient un peu se reposer. Et en attendant la fin d'avril, le général pressa de son mieux les constructions nécessaires pour les troupes qui allaient arriver, ainsi que les travaux du port.

Pendant ce temps, le gouverneur hova du Boéni, le fameux Ramazombazaha, que nos troupiers avaient gaiement surnommé le général « Ramasse ton bazar » et qui, après l'affaire de Miadana, avait lestement déguerpi de Marovoay, y était rentré et écrivait à Rainilaiarivony qu'il avait fait reculer les Français. Il n'avait plus longtemps à triompher. Les pluies ayant cessé, le général Metzinger revint avec la petite escadre du commandant Bienaimé.

Et le 2 mai, après un petit combat d'artillerie soutenu de notre côté par les canons de la flottille, Marovoay était attaqué de trois côtés à la fois; au nord, par une colonne venant de Marevärano et de Miadana; à l'ouest par les canonnières et les compagnies de débarquement; au sud, par la colonne qui descendait par Mahabo. Encore une fois les Hovas ont l'air de vouloir tenir; nos troupes sont accueillies par une vive fusillade, par des décharges de mitraille qui heureusement font plus de bruit que de mal. « On aurait juré que les Hovas tiraient à poudre, » dit un témoin. Tout à coup les Hovas voient l'infanterie de marine du général Metzinger dessiner un mouvement tournant; ils sont déjà menacés de trois côtés, va-t-on leur fermer l'est, le chemin des marais et des rizières, le seul qui leur reste? Soudain la charge sonne, et, au cri de « vive la France! » d'un élan furieux nos soldats s'élancent; les retranchements, dont les abords sont jonchés de cadavres hovas, sont enlevés; les Hovas affolés fuient par les rizières et les marais, et, le premier dans le *rova* abandonné, le commandant Bienaimé qui a planté déjà le drapeau français à Tamatave, à Majunga, arbore encore une fois les trois couleurs. Et pendant que le pavillon monte en claquant joyeusement au vent, que les clairons sonnent l'enivrante sonnerie « au drapeau, » que les fusilliers marins présentent les armes, on voit les Hovas qui ont jeté leurs armes et que les officiers ont protégés contre la *furia* des troupes, s'enfuir piteusement par les marais. Pour le coup, le pauvre « Ramasse ton bazar » avait cette fois manqué à son sobriquet. On trouva à Marovoay tous ses bagages, sa correspondance et jusqu'à ses toilettes.

CHAPITRE XIV

Arrivée du général Duchesne à Madagascar. — La fièvre. — Mort du P. Berbizier. — Mort du colonel Gillon. — Androtro. — Prise de Mévatanana. — A Suberbieville. — Combat de Tsarasaotra. — Marche sur Andriba. — La colonne volante. — En route vers Tananarive. — Une marche épique. — Prise de Tananarive. — Le traité de paix. — La rentrée du général Duchesne. — Le nouveau Résident général.

Jour par jour, grâce au nouveau câble qui reliait Majunga au réseau télégraphique européen par Mozambique, le France avait suivi les progrès de notre action à Madagascar. La prise de Marovoay, d'une grande importance stratégique et politique, mettait à notre merci la région du Boéni. Les chefs sakalaves venaient en foule faire leur soumission au général Metzinger. Le drapeau tricolore, sur la hauteur de Marovoay, dominait maintenant tout le pays. La première grande étape de l'expédition était finie. Et la France applaudissait au décret du gouvernement qui élevait le commandant Bienaimé au grade de contre-amiral.

Quatre jours après la prise de Marovoay, le général Duchesne débarquait à Majunga. Le lecteur se rappelle les manifestations qui, dans toutes les villes de France, avaient salué le passage ou le départ des détachements qui allaient à Madagascar prendre part à l'expédition. On n'a pas oublié les fêtes du camp de Sathonay où M. Félix Faure était allé présenter les drapeaux des nouveaux corps malgaches.

A ces joyeuses manifestations qui attestaient une fois de plus la vieille vocation militaire de la France, qu'on peut tromper ou détourner, mais qui n'attend que les occasions, ou un homme, pour se révéler, avaient trop vite succédé dans l'esprit public des impressions moins gaies. On parlait des ravages causés déjà par le climat dans les cadres de l'avant-garde expéditionnaire. Et, avant de débarquer à Majunga, le général Duchesne avait voulu visiter Nossi-Bé, puis le *sanatorium* de Nossi-Cumba qui, hélas ! ne devait bientôt plus suffire à la quantité de malades qu'allait faire la fièvre, ajoutée aux fatigues de l'expédition. Il trouva d'ailleurs ces établissements en bon état, et en fit un rapport favorable au ministre de la guerre.

Majunga, quand le général Duchesne y débarqua, prenait déjà, grâce aux soins de l'autorité militaire, des airs de ville civilisée ; d'excellentes mesures d'assainissement

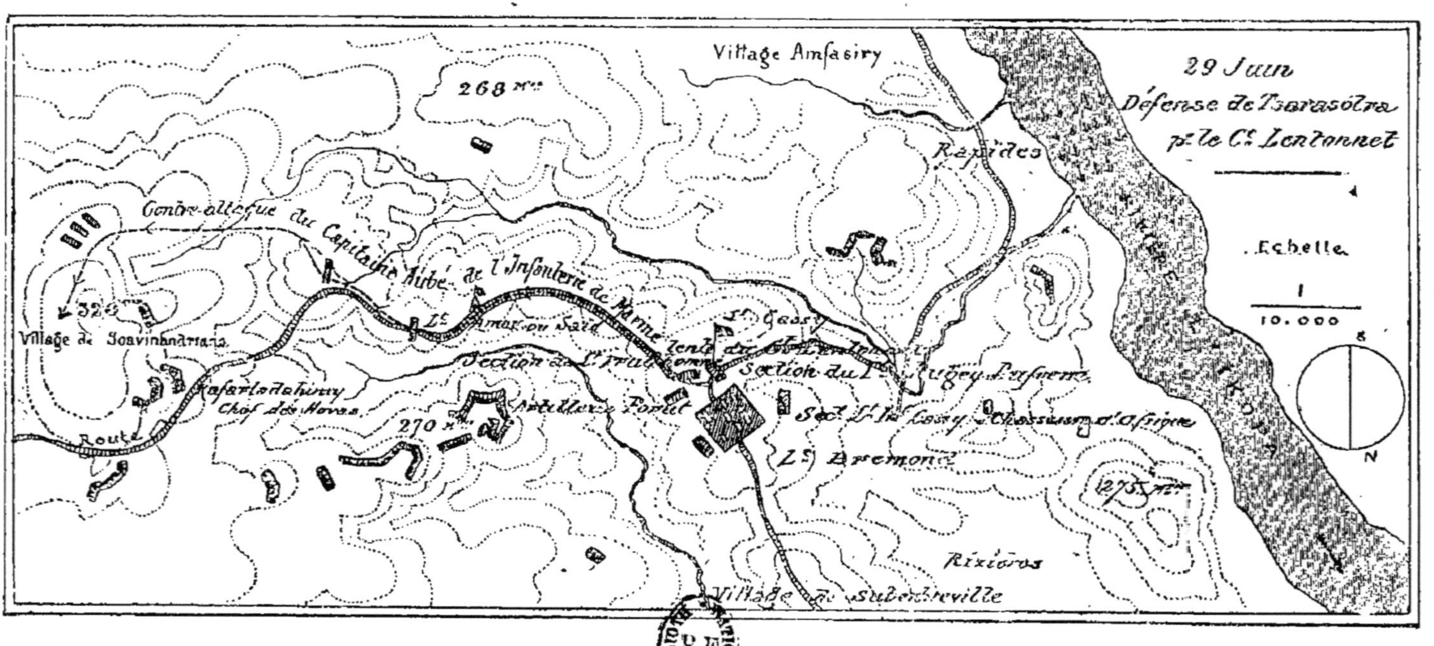

Plan du combat de Tsarasotra.

avaient été prises. Le général en chef ordonna de nouvelles améliorations, poussa vivement les travaux du port, les baraquements, tout en faisant activement travailler à la route qui devait relier Majunga à Marovoay. La route devait être d'autant plus utile que le service de la navigation fluviale laissait beaucoup à désirer, et qu'il fallait aller vite. Et de tous les services, celui des routes, par ce pays de marais malsains, sous ce soleil de feu, devait être le plus meurtrier.

Du reste, même à Majunga, la fièvre faisait des victimes. Quelques jours après l'arrivée du général Duchesne, le P. Berbizier, missionnaire de la Compagnie de Jésus, qui, depuis plus de vingt ans, évangélisait les Malgaches, s'étant trop prodigué au service de nos soldats dont il avait demandé à être l'aumônier, était pris d'un accès pernicieux et enlevé en quelques jours. Nos officiers avaient pu apprécier à l'œuvre la vaillance et le dévouement du bon P. Berbizier, et, sur sa tombe, le général en chef prononça un discours qui disait éloquemment les regrets du corps expéditionnaire et la reconnaissance de son chef pour cette noble victime du patriotisme et de la religion.

Cependant à l'avant-garde, le général Metzinger ne restait pas inactif. Il fallait dégager la route entre Marovoay et les collines d'Ankarafantsika, qui s'élèvent de 190 mètres au-dessus du niveau de la mer et qui marquaient pour les colonnes la première limite des étapes salubres.

Des postes de Hovas tenaient la campagne et pouvaient à un moment gêner notre ligne de communication dès qu'on prendrait le chemin de Tananarive entre Marovoay et Androtro. Et au-dessous d'Androtro, près du village de Manonga, les Hovas sont installés, au nombre de 2,000, dans le camp retranché d'Ambodimonto. Mais le général Metzinger a reçu des renforts de la brigade du général Voyron. Par une autre marche pénible à travers des marais, le commandant Pardes, à la tête des tirailleurs sakalaves, s'avance sur Ambodimonto; là les Hovas, soient qu'ils aient retrouvé la meilleure part de leur courage, soit qu'ils aient, en reconnaissant les Sakalaves, senti qu'ils pouvaient lutter, opposent au commandant Pardes une résistance acharnée. Une fois de plus, les feux de salve et la charge à la baïonnette ont raison d'eux, et ils fuient en désordre dans les marais. La route du plateau d'Ankarafantsika est libre, et à Androtro les Français trouvent une station agréable qui donne aux Algériens l'impression d'une oasis au milieu du désert, et où ils prennent un bon temps de repos.

Puis, pendant que la « première brigade poursuit sa marche vers Mevatanana un peu au-dessous de Suberbieville, où l'on dit que 10.000 Hovas sont concentrés, elle est rejointe par le général en chef. L'état-major pour la marche en avant est complet désormais. Il manque cependant le brave colonel Gillon du 200e emporté par le climat un mois après son débarquement. Riche et âgé, père de famille, il avait des amis qui à cause de sa santé avaient tout fait pour le dissuader de prendre part à l'expédition. Mais il répondit qu'il avait été choisi sur ses notes par le général Duchesne. Il ne pouvait refuser un poste d'honneur et il accomplissait son devoir. — « Adviendra ce que pourra, ajoutait-il. » C'était le vrai chevalier chrétien.

En lui la France a perdu un soldat d'élite et l'armée un des hommes qui par le caractère et l'élévation de ses sentiments lui faisait le plus d'honneur.

Le 8 juin le général en chef fait passer le Betsiboka à ses troupes sous le feu de l'ennemi bientôt mis en déroute par le feu de notre artillerie et de deux chaloupes canonnières la *Brave* et l'*Infernale*. La rive droite du Betsiboka est désormais aux Français. Mais le passage pour les approvisionnements des cantines et les bagages des officiers fut horriblement difficile. Il fallait là un pont. Le génie reçut l'ordre de l'entreprendre tout de suite; nos hommes s'y mirent avec une ardeur et un dévouement qui ont fait l'admiration de tous ceux qui les ont vus à l'œuvre.

Puis on se remit en marche pour Mevatanana où notre vieille connaissance Ramazonbazaha après quelques obus à la ménilite additionnés d'un mouvement tournant de quelques compagnies qui allait lui rendre la retraite trop difficile, se déroba encore avec une prestesse que ses soldats imitèrent immédiatement. Ce fut une section de la Légion qui, suivie de près par les chasseurs, entra la première dans la place où on trouva comme d'usage la correspondance des officiers hovas, et même cinq canons que l'ennemi n'avait pas su, cette fois, mettre à temps en sûreté.

Aller de l'avant on le voit n'était pas ce qu'il y avait de plus difficile. La grosse affaire était de convoyer les munitions, les approvisionnements, les bagages. Le service de navigation fluviale n'ayant pu être organisé comme on l'avait annoncé, il avait fallu y suppléer par la voie de terre. On avait relié Majunga à Marovoay ; il fallait relier Marovoay à Mevatanana pour que l'expédition pût être régulièrement ravitaillée, pour que les convois des voitures Lefèvre continuassent à suivre la colonne. Ce fut là le plus dur de l'expédition. A cette corvée de disciplinaires, commandée par des chefs qui ne pouvaient voir que le but assigné par la patrie à leurs efforts, vaillamment acceptée par nos troupes, et qui pourtant tuait comme mouches les travailleurs même de nos côtes d'Afrique, les petits soldats de France ont jalonné de leurs corps la longue route de Majunga à Tananarive. Madagascar s'il plaît à Dieu sera une précieuse conquête. Elle aura été arrosée de sang français.

Mais avec le corps expéditionnaire reprenons notre course vers Tananarive. Après Mevatanana les Français prirent sans coup férir Suberbieville, le centre du célèbre établissement aurifère où les Hovas avaient tout respecté, et où nos colonnes trouvèrent des logements un peu plus confortables que ceux des précédentes étapes.

Aux derniers jours de juin le corps expéditionnaire se trouve encore à Sûberbieville. Quatre-vingts kilomètres le séparent désormais d'Andriba où commencera la dernière partie de cette marche héroïque. Le général Duchesne, pendant qu'il active toujours les travaux de communication, envoie en avant une colonne qui sous les ordres du commandant Lentonnet formera à Tsarasotra un poste avancé à mi-chemin de Suberbieville et d'Andriba. Ainsi couvert du côté de Tananarive, d'où disait-on, des renforts étaient partis pour tenter un effort décisif contre les Français, le général en chef pourra sans inquiétude continuer à petites étapes le travail de la route et organiser le service des convois.

Le commandant Lentonnet était depuis huit jours à Tsarasaotra, quand on remarqua des espions aux environs du poste. Le soir il y eut une alerte. Les avant-postes ayant aperçu des patrouilles hovas firent le coup de feu. Mais l'ennemi se retira immédiatement. C'était pour revenir en force le lendemain; car tout d'un coup la petite colonne française de 200 hommes fut assaillie par un demi-cercle de feux bien nourris qui en se développant allait bientôt l'entourer complètement. Les Hovas forts de leur nombre, (ils étaient plusieurs milliers), semblaient déterminer à user de leur avantage, et la position devenait tout à fait critique; car cette fois se croyant sûrs de la victoire les Hovas tenaient bon au feu de la batterie et aux sabres des Français. Le lieutenant Augey Dufresse est mortellement frappé; le caporal Sapin tombe à son tour foudroyé par une balle en pleine poitrine. Il faut à tout prix briser l'élan de l'ennemi. Le commandant Lentonnet organise une double contre-attaque. Deux sections se lancent contre l'ennemi, et, au pas de course, turcos et tirailleurs chargent ici les assaillants du sud, là ceux du sud-est; l'ennemi, ébranlé, recule malgré les exhortations véhémentes des officiers. Et du camp français, pour l'empêcher de reprendre pied, les feux de salve continuent. Vers midi, un détachement français, accourant du poste de Behanana est signalé. Il accourt au bruit des canons et de la fusillade. C'est pour le commandant Lentonnet l'heure de prendre vigoureusement l'offensive. Il lance ses turcos, et en un clin d'œil l'ennemi, bousculé, poursuivi d'obstacle en obstacle, s'enfuit vers son camp, situé à trois kilomètres sur le mont Bériza.

Cependant le quartier général est averti par les postes avancés qu'on se bat du côté de Tsarasotra. Par ordre du général en chef, le général Metzinger à la tête de trois compagnies du 40e chasseurs et d'une batterie se met en route. Il s'agit de franchir en quelques heures, par les

Combat de Tsarasotra

chemins les plus difficiles, une étape de vingt-un kilomètres. Le soir même le général Metzinger avec ses hommes couchaient à Tsarasaotra et le lendemain matin 5.000 Hovas, qui campaient sur le mont Berisa en toute sureté, croyaient-ils par suite du petit nombre des ennemis et de la bonté de leur position, sont assaillis avec une *furie* formidable, et poussés de plusieurs côtés par les Français qui ont escaladé la montagne d'un irrésistible élan, jettent leurs armes, s'enfuient affolés dans les pentes, dans les ravins où des feux de salve et la poursuite des chasseurs leur enlèvent toute idée de se reformer. C'est par une déroute, une débandade que finit cette attaque, la plus sérieuse que nos troupes eussent essuyée depuis la guerre.

Sur ces entrefaites l'avant-garde venait d'être rejointe par la brigade Voyron formée de contingents coloniaux, parmi lesquels les volontaires de la Réunion. C'est elle qui désormais marchera au premier rang. Elle arrive bientôt en vue de Soavinandriana, le 7 août. Devant elle, elle refoulait les Hovas. Le 21 août elle était à une portée de fusil d'Andriba. Là on était en face d'une position naturellement très forte dont les défenses avaient été tracées par le fameux colonel Graves, et munies de batteries et de tranchées. En outre, partout des camps fortifiés, des pics et des mamelons armés de canons Hotchkiss. Le général en chef, après avoir mis en position ses deux brigades, car avec la brigade Metzinger il avait rejoint la brigade Voyron, ajourna l'attaque décisive au lendemain. Néanmoins un duel d'artillerie s'engagea, car à l'attaque des batteries de l'ennemi les batteries françaises avaient voulu répondre ; de tous ces mamelons, de tous ces pics, notamment du pic d'Andriba les canons hovas tonnèrent; ils tiraient plus juste qu'auparavant mais sans faire encore grand mal, et avec quelques obus à la mélinite le tir français les réduisit enfin au silence.

Le soir alors que les troupes françaises mises au repos songeaient à l'attaque du lendemain qui promettait une chaude journée, ils virent toutes les hauteurs s'illuminer. C'était sans doute les Hovas qui, désireux d'éviter une attaque en règle et craignant de voir la position prise par un mouvement tournant, se retiraient en incendiant tous les villages situés autour d'Andriba. Et en effet le lendemain, sans coup férir, après une dure montée, les Français atteignaient Andriba où ils trouvaient des canons, des approvisionnements, des armes.

Nous voici donc à la dernière partie de l'expédition. Elle est encore à 180 kilomètres de Tananarive. Mais désormais elle marchera plus vite. En effet le général Duchesne veut donner du repos à ses troupes. Il veut préparer tous les approvisionnements qu'à dos de mulet emmènera la colonne. Et il faut du temps pour faire monter jusqu'à

Andriba les approvisionnements nécessaires à une colonne de 5.000 hommes pendant vingt-deux jours. Car il partira avec une colonne volante de 5.000 hommes qui ne s'arrêtera plus qu'à Tananarive. Et il compte arriver là-haut à la fin de septembre.

Le 14 septembre tout est prêt, et comme il l'a annoncé le général Duchesne avec sa colonne volante, composée des deux brigades Metzinger et Voyron, se met en route pour le dernier effort. Coup sur coup, refoulant devant elle les Hovas, la colonne enlève la position de Tsinainondry (défendue par 8.000 Hovas), occupe sans coup férir par une marche de flanc, du général Voyron, le défilé de Kinajy, franchit les monts Ambohimena et s'empare le lendemain du village de Maharidaza. Le 21 elle campe sous Lazaina, prend Ankazobe le 22, Antoby le 23; enfin le 25 Babay où, d'après Shervington, les Hovas devaient nous écraser, tombe entre nos mains sans combat. Là on n'était plus qu'à trente-cinq kilomètres de la capitale.

Le 26 la colonne en levant le camp s'attend à une chaude journée, et son pressentiment, en effet, ne la trompe pas; à peine en route au sortir du petit village d'Ampotatokana, elle est fusillée de tous côtés par les Hovas embusqués partout derrière les rochers; elle est canonnée aussi. Mais la discipline et l'entrain des soldats français ont raison de l'embuscade; les feux de salve démontent les Hovas, les obus les font détaler et on les voit devant les terrifiants effets de notre artillerie bondir sur tous les escarpements de la route, disparaître affolés dans toutes les anfractuosités des rocs. Victorieuse de l'embuscade la colonne, selon l'ordre du jour du général Duchesne, doit aller camper à Alakamisy à une douzaine de kilomètres. Pour cela il faut traverser le défilé de Sabotsy. Une marche de flanc d'un bataillon assure le passage et on atteint le pied de l'Amparara quand des *lambas* blancs apparaissent sur la crête. Vivement on escalade la montagne et partout apparaissent des masses confuses de l'ennemi. Avec la précision d'un régiment à la parade, l'avant-garde ouvre sur les fuyards des feux de salve qui font dans les masses de *lambas* blancs de véritables trouées. C'est une panique indescriptible. Habitants, soldats et les bœufs eux-mêmes, dit un témoin, s'enfuient affolés devant l'ouragan de balles. En même temps un rapide mouvement du général Metzinger, combiné avec un assaut d'artillerie, contraint à la fuite un fort parti de Hovas qui du village d'Ambohipiary a voulu tenter une attaque d'artillerie sur les soldats français. On arrive près d'Alakamisy, on couche sur les positions ennemies.

Le 27 septembre on attend la réserve pour marcher en bloc sur Tananarive. La capitale n'est plus loin. En quatre heures on y arriverait ; mais on devrait, sous le feu de l'ennemi plus acharné à mesure qu'on approche de la capitale, traverser d'interminables rizières. On se résigne à une marche de flanc autour de Tananarive, où on entrera par la route d'Ambohimanga, la ville sainte, la Mecque des rois de Madagascar. Et alors commence un mouvement véritablement épique. Au milieu des populations soulevées, de vastes mouvements de Hovas qu'elle refoule devant elle la colonne va camper sous Ambohimanga, marche vers Ilafy et au milieu de fusillades qui ne cessent qu'à la nuit, entourée de Hovas, devant, à droite, à gauche et derrière, s'installe tranquillement à quatre kilomètres de Tananarive. Enfin avec le 30 septembre arrive la journée suprême. La capitale s'étend protégée à l'est par deux chaînes de collines orientées nord-sud.

La brigade Voyron s'empare des collines du nord-est. Par le versant oriental de l'autre chaîne de collines la brigade Metzinger opérera une vaste conversion, se rabattra sur la ville par l'est en faisant tomber toutes les défenses. Ce double mouvement s'exécute au milieu d'attaques furieuses et répétées des Hovas qui sont, peut-être là, 50 ou 60,000 hommes contre les deux petites colonnes françaises. Mais celles-ci imperturbablement continuent leur évolution, éteignant la fusillade ennemie avec leurs feux de salves, réduisant, par la supériorité de leur tir, les batteries ennemies au silence. Enfin, on voit l'avant-garde du général Metzinger apparaître sur la hauteur d'Aukatso qu'il enlève et occupe en un instant. En même temps nos tirailleurs malgaches, de la brigade Voyron, enlèvent la batterie d'Ambohidempona, la batterie élevée sur l'observatoire de la Mission. Et alors de ces pièces hovas, tournées contre Tananarive, part le premier boulet qui jette l'épouvante au palais de la reine. Car le bombardement auquel le général Metzinger prend part, lui aussi, est commencé. En vain les canons hovas veulent donner la réplique. La supériorité du tir français éclate à tous les yeux. Nos obus à la mélinite font d'épouvantables ravages. Rien que sur la terrasse du palais de la reine trente-cinq Hovas sont abattus par un obus. Encore un quart d'heure et on pourra donner l'assaut.

Mais au palais royal nos obus ont produit un effet terrible. Il y a là des milliers de tonneaux de poudre. La chapelle méthodiste du palais est en feu. Le palais lui-même va sauter. Soudain les officiers qui ont leurs lorgnettes braquées sur le palais, voient le pavillon de la reine descendre. Il est remplacé par un drapeau blanc. Tananarive se rend ; Tananarive est prise. Ordre est donné de cesser le feu partout. Il était temps. Déjà nos bataillons malgaches entraient dans les rues de la ville. A leur rencontre viennent les parlementaires qu'on conduit au général en chef. Les pourparlers s'engagent et le gouvernement malgache accepte toutes les conditions du vain-

Après le combat.

queur, c'est-à-dire entrée immédiate dans la ville, soumission sans conditions, désarmement et envoi de courriers partout pour arrêter toute hostilité, notamment contre nos convois.

Le soir même la colonne française couchait dans Tananarive conquise. Nos généraux n'y entraient que le lendemain 1er octobre, descendaient à la résidence française, et à cinq heures du soir, au palais, le traité de paix entre la reine et la France était signé. En seize jours, par une marche suivie avec une ténacité et un héroïsme admirables, notre petite colonne de 5,000 hommes (1), aventurée au milieu de mille périls dont aucun ne fut plus grand que son courage, avait mené jusqu'au bout cette glorieuse entreprise. Le rêve du grand Colbert reliant, malgré tout, la France d'hier à la France d'aujourd'hui est enfin réalisé. Et le drapeau de la patrie flotte aujourd'hui sur la « ville des 100,000 guerriers », gage de résurrection pour cette terre sacrée par le long martyre de nos missionnaires, fécondée par le plus pur et le plus généreux sang de France.

Nous donnons en appendice le texte de ce traité. On sait aujourd'hui qu'il n'est pas définitif ; le ministère qui a succédé à celui de M. Ribot ayant, sur d'éloquentes réclama-

(1) Nous devons dire qu'il s'agit ici du chiffre officiellement annoncé. En réalité on ne partit pas 5,000 d'Andriba. Et s'il se trouva 2,500 hommes à cette prise de Tananarive, ce fut le bout du monde. Le fait, d'ailleurs, en dit long sur le caractère véritablement épique de cette marche si superbe.

tions, décidé d'y apporter, dit-on, des modifications importantes et de transformer le protectorat en une annexion définitive.

Rainilaiarivony est interné dans une villa à six kilomètres de la capitale et on aurait peut-être tort de le laisser là, car ce vieux fourbe pourrait encore nous créer, dans notre nouvelle conquête, des embarras sérieux. Ajoutons qu'à la nouvelle de la chute de Tananarive le gouverneur du fort de Farafate, auprès de Tamatave, s'était rendu. Par l'ouest comme par l'est la France était maîtresse de la route de la capitale.

Nos vaillantes légions, notre héroïque petit 200e sont rentrés en France. On n'a pas eu en leur honneur, à Paris, la manifestation reconnaissante qu'ils méritaient si bien par leurs héroïques luttes contre la fièvre et le Hova.

Le général Duchesne va rentrer lui-même dans quelques jours, et il est probable qu'on fera tout le possible pour que la nation n'aille point, à son propos, s'engouer de la gloire militaire.

Enfin, le conquérant de Madagascar est déjà remplacé par M. Laroche, résident général de France sur la grande île. Ce choix a paru un peu étrange, étant donnée la publicité que M. Laroche lui-même a donnée à son « changement » de religion. Quelqu'un, un missionnaire, nous disait à ce propos : « Ce n'est rien ; croyez-moi, à Madagascar

M. Laroche sera obligé, à moins d'être un traître, de travailler pour les catholiques. » C'est la traduction nouvelle du mot de Gambetta. L'anticléricalisme n'est pas un article d'exportation. Et le fait est que M. Laroche, au grand scandale des francs-maçons, réclame déjà des Trappistes pour le développement de la colonisation à Madagascar.

APPENDICE

I

Voici le texte du traité que le général Duchesne avait emporté dans sa poche et qu'il a fait signer à la reine de Madagascar :

PROJET DE TRAITÉ

Le Gouvernement de la République française et le Gouvernement de S. M. la Reine de Madagascar, en vue de mettre fin aux difficultés qui se sont produites entre eux, ont nommé.... lesquels, après s'être communiqué leurs pleins pouvoirs qui ont été reconnus en bonne et due forme, sont convenus de ce qui suit :

Article premier

Le Gouvernement de S. M. la Reine de Madagascar reconnaît et accepte le Protectorat de la France avec toutes ses conséquences.

Art. 2.

Le Gouvernement de la République française sera représenté auprès de S. M. la Reine de Madagascar par un Résident général.

Art. 3.

Le Gouvernement de la République française représentera Madagascar dans toutes ses relations extérieures.

Le Résident général sera chargé des rapports avec les Agents des Puissances étrangères ; les questions intéressant les étrangers à Madagascar seront traitées par son entremise.

Les Agents diplomatiques et consulaires de la France en pays étranger seront chargés de la protection des sujets et des intérêts malgaches.

Art. 4.

Le Gouvernement de la République française se réserve de maintenir à Madagascar les forces militaires nécessaires à l'exercice de son Protectorat.

Il prend l'engagement de prêter un constant appui à S. M. la Reine de Madagascar contre tout danger qui la menacerait ou qui compromettrait la tranquillité de ses États.

Art. 5.

Le Résident général contrôlera l'administration intérieure de l'île.

S. M. la Reine de Madagascar s'engage à procéder aux réformes que le Gouvernement français jugera utiles à l'exercice de son Protectorat, ainsi qu'au développement économique de l'île et au progrès de la civilisation.

Art. 6.

L'ensemble des dépenses des services publics à Madagascar et le service de la dette seront assurés par les revenus de l'île.

Le Gouvernement de S. M. la Reine de Madagascar s'interdit de contracter aucun emprunt sans l'autorisation du Gouvernement de la République française.

Le Gouvernement de la République française n'assume aucune responsabilité à raison des engagements, dettes ou concessions que le Gouvernement de S. M. la Reine de Madagascar a pu souscrire avant la signature du présent Traité.

Le Gouvernement de la République française prêtera son concours au Gouvernement de S. M. la Reine de Madagascar pour lui faciliter la conversion de l'emprunt du 4 décembre 1886.

Art. 7 et dernier.

Il sera procédé dans le plus bref délai possible à la délimination des territoires de Diégo-Suarez. La ligne de démarcation suivra, autant que le permettra la configuration du terrain, le 12° 45' de latitude Sud.

PROTOCOLE ANNEXE

Article premier.

L'article 4 du Traité du 8 août 1868 et l'article 6 du Traité du 17 décembre 1885 feront l'objet d'une révision ultérieure destinée à assurer aux nationaux français le droit d'acquérir des propriétés dans l'île de Madagascar.

Art. 2.

Les nationaux des Puissances étrangères dont les tribunaux consulaires seront supprimés, deviendront justiciables des tribunaux français dans les mêmes conditions que les Français eux-mêmes.

II

Les lépreux à Madagascar.

Nous avons, au courant de ce volume, signalé en plus d'une rencontre les résultats obtenus par la mission catholique française sur la grande île. On les a vus nos missionnaires intrépides, au milieu de mille dangers, confiants au milieu de mille causes de découragement, poursuivre avec vaillance et avec constance leur labeur d'éducateurs et d'apôtres. Mais peut-être ne serait-il pas sans intérêt pour le lecteur de voir un peu, par le détail, quelques-unes de leurs œuvres, celle des lépreux par exemple. On comprendra mieux la raison de la juste influence qu'ils ont pu acquérir.

Alors que les missionnaires méthodistes se lançaient dans les affaires et la politique, nos chers missionnaires tout en voulant ardemment travailler pour l'amour de la France savaient donner à leurs pauvres Malgaches l'exemple du dévouement le plus infatigable, de l'affection la plus désintéressée.

Quand il n'y aurait eu qu'à Madagascar que l'œuvre des léproseries elle aurait suffi à prouver la supériorité de l'apostalat catholique sur celui des pionniers du protestantisme.

La première léproserie catholique de Madagascar fut fondée par le P. Camille de la Vayssière. Voici comment, dans leur beau livre sur la grande île, les PP. Colin et Suau racontent l'origine de l'œuvre :

« Un jour, en 1872, le P. Camille de la Vayssière se rendant à son poste d'Ilafy, aperçut un groupe de pauvres gens, que les porteurs se montraient avec horreur. Ils étaient dans une sorte d'enclos.

» — Qui sont ces malheureux ? demanda le Père.

» — Des lépreux, répondirent les porteurs ?

» — Menez-moi donc vers eux. »

Les porteurs surpris déposent le missionnaire à quelque distance de l'enclos d'Ambolotara et l'y laissent entrer seul. Une trentaine d'infortunés, chassés de leurs familles, par les chefs de village, avaient mis en commun leur misère. Des trous en pente, vraies tanières, leur servaient d'habitation ; l'orifice était garanti par un toit de joncs.

A la vue de la robe noire les lépreux intimidés s'étaient enfoncés dans leurs gîtes. Le Père les rappelle :

— Ne craignez rien, leur dit-il, je suis votre ami, votre père.

Alors ils sortent un à un, les plus hardis s'approchent. Ils sont bientôt une vingtaine autour du missionnaire.

« La rosée du ciel tombe moins douce sur une terre desséchée que mes paroles sur cet auditoire, écrivait plus tard le P. de la Vayssière. »

Cette première entrevue, en effet, suffit à fonder une chrétienté nouvelle.

Le missionnaire fut, depuis, fidèle à la visite chaque semaine, et il ne tarda point, parmi ses auditeurs, à remarquer Ramivao. Le pauvre esclave apprenait si bien le catéchisme qu'il fut baptisé des premiers. On l'appela Jean-Marie. Pour lui, comme pour tous les lépreux, une vie nouvelle avait commencé du jour où il s'était senti aimé.

Ainsi commença la première léproserie catholique. On lui a donné le nom de son fondateur. En 1876, elle fut transportée d'Ambolotara à Ambivoraka, à trois lieues nord-est de Tananarive. Elle comptait alors soixante malades. En 1883, elle fut fort éprouvée. La guerre avait forcé les missionnaires à partir ; les pauvres lépreux purent se croire abandonnés d'autant que, par une odieuse méchanceté, on avait brûlé leur chapelle le jour même du départ des Pères. Puis les méthodistes essayèrent de mettre la division parmi eux. Mais en grande majorité ils se déclarèrent fidèles à la prière des Pères, et élurent pour chef Ramivao (Jean-

Marie), qui accepta d'être leur administrateur et leur chef. Au milieu de leur détresse un puissant secours leur arriva. L'Union catholique, que les missionnaires avaient chargée pendant leur exil de la surveillance des œuvres de la Mission, put enfin s'occuper des lépreux. Les malheureux eurent alors « leur riz » assuré, et, sous la conduite de Ramivao, ils continuèrent à observer « la prière » des Pères de France. Lui soignait, avec dévouement, ses malheureux compagnons d'infortune, leur apprenait le catéchisme, les préparait à la mort, les baptisait *in extremis* quand le Père n'était pas là.

« Grâce à lui, dit un missionnaire, le bon ordre, l'e spri de famille, la gaieté même régnait à Saint-Camille. »

Et voilà ce que, par la grâce de Dieu, la charité chrétienne avait fait de ce malheureux esclave lépreux. Il mourut quelques années plus tard, avec la tranquillité et la confiance d'un enfant, après avoir dit au missionnaire qu'il avait appelé :

— Il m'eût été si pénible de mourir sans vous voir, dit-il avec joie ; mais puisque vous voilà, je suis content ; Dieu soit béni.

Quand la dernière crise vint, il demanda à tout le monde de prier avec lui la Sainte Vierge, et il rendit doucement alors son âme à Dieu au milieu des sanglots de tous ses compagnons.

Il faut noter que la lèpre est un fléau relativement fréquent et redouté à Madagascar. Avant les missionnaires, ceux qui étaient atteints du terrible mal étaient exilés des villages par les chefs, et ils allaient mourir où ils pouvaient.

Le plus souvent la faim mettait un terme assez prompt à leur souffrance.

Depuis l'institution des léproseries, car les Pères en ont établi une autre près de Fianarantsoa, les païens n'ont pas changé à l'égard de ces malheureux. Ils sont toujours durs, impitoyables. Mais les catholiques, grâce à l'exemple des missionnaires, et au lieu de la religion, ont compris ce que la charité leur prescrit à l'égard de leurs misérables frères. On les a vus pendant l'exil de la Mission secourir les pauvres lépreux menacés de mourir de faim. Ils ont pris l'habitude de les visiter, de leur apporter des consolations, et de franchir pour cela « l'enclos maudit » qu'auparavant ils n'auraient franchi pour rien au monde.

Cette œuvre des lépreux est peut-être celle qui frappe le plus les étrangers, qui touche le plus les Français fiers de l'héroïsme et de la charité de leurs missionnaires.

M. Le Myre de Vilers, notre premier Résident général, accompagnait un jour à la léproserie d'Ambriosaka Mgr Cazet qui évangélisait fréquemment ces malheureux et leur donnait parfois des retraites :

— Quelle belle œuvre, disait-il après avoir entendu avec émotion les chants des lépreux et leurs prières pour leurs bienfaiteurs de France.

Et il laissa une belle aumône à Saint-Camille que ses successeurs ont comme lui favorisé de leurs plus généreuses sympathies.

Une autre visite qui fit époque dans les annales de Saint-Camille fut celle de l'escorte du Résident général. Nos soldats, pour but de leurs promenades autour de Tananarive, choisissaient volontiers un poste de missionnaires. Ils étaient assurés d'y trouver bon visage, accueil cordial, et, ce qui ne gâte rien, un peu de bière pour la soif. Un beau jour, une trentaine de nos fantassins de marine se dirigent vers Ambohivoraka. Ils avaient averti de leur visite et à peine signalés de loin ils sont salués d'appels amis. Ils entrent, parcourent la large esplanade qui longe les « varangues » et causent avec les pauvres malades qui ne se lassent pas d'admirer les boutons d'or des tuniques bleues. Puis, quand ils ont tout vu, tout entendu, tout admiré, nos braves « marsouins » sont saisis d'un mouvement bien français. A la ronde on passe un mot d'ordre, chacun fouille à sa poche — d'ailleurs légère — et la collecte, fort raisonnable ma foi, est remise aux lépreux, qui, en l'honneur des soldats de France, firent un peu bombance ce jour-là.

III

L'œuvre des prisonniers.

L'œuvre des prisonniers, que les missionnaires catholiques ont fondée à Tananarive, est moins héroïque, assurément, que celle des lépreux. Elle n'était guère moins pressante.

La prison préventive n'est point là-bas ce qu'elle est chez nous. On la trouve toujours un peu cruelle ici; mais la cruauté n'est que dans la privation de la liberté, de la famille et des amis. A Madagascar elle est tout simplement la « mort sans phrases, » à moins que le prisonnier n'ait des parents, des amis assez dévoués pour le nourrir. Sans cela il est condamné à mourir de faim. En effet, le gouvernement lui fournit un *abri*, mais ne le nourrit pas.

A Tananarive la prison préventive ou *fouja* contient normalement une cinquantaine de prisonniers. Tous ne doivent quitter la prison que pour passer en jugement. Et, en attendant, ils vivent dans le plus épouvantable dénûment si on ne vient à leur secours.

La mission les a pris en miséricorde. Un missionnaire va les visiter, veille à ce qu'ils ne meurent pas de faim, leur fait le catéchisme, leur fournit de la toile. Mais la charité des charités, pour les prisonniers, c'est une chaîne de fer. « Quand ils demandèrent cela à leurs premiers missionnaires ceux-ci se récrièrent; des vêtements, de la nourriture à la bonne heure; mais des fers, ils n'en donneraient jamais. »

Aujourd'hui c'est par là qu'ils commencent. Quand le prisonnier n'a point de chaîne de fer rivée au pied, ses gardiens, le soir venu, l'attachent avec des cordes et si solidement que souvent, le lendemain, le malheureux est mourant ou même mort.

Quand le prisonnier n'est pas mort du *fouja* il est traduit en jugement et, aussitôt condamné, il est mené à la Pierre des Galériens, sur la grande place du Mahamosina. Là, au cou et aux pieds, on lui passe de formidables anneaux de fer qu'on rive à froid; puis on le laisse. Il ne sera plus que gardé à vue. Tous les soirs il doit rentrer dans sa prison. Dans la journée il peut circuler et offrir ses services en ville; mais toujours sous la surveillance du gardien.

Car il doit travailler pour vivre; sinon il mourrait de faim. Il partage tout avec son gardien qui, quand il a un bon prisonnier, prolonge volontiers la durée de la peine.

On comprend que les missionnaires aient là, un rude apostolat à exercer. A Madagascar, plus qu'ailleurs, la visite des prisonniers est une œuvre de miséricorde.

IV

L'Observatoire d'Ambohidempona.

Parmi les ruines qu'a faites la guerre, l'une des plus regrettables est celle de l'Observatoire d'Ambohidempona.

Dans un article des *Études religieuses* (août 1894), le P. Colin a raconté la création de ce bel établissement scientifique dont le projet avait été formé en 1887 entre Mgr Cazet, M. Le Myre de Vilers, Résident général à Tananarive, et le R. P. Michel, Visiteur de la Mission, dans l'intérêt de la science française.

L'entreprise suscita alors en France un grand courant de sympathie et d'approbation. Le gouvernement, les savants, l'Académie des Sciences s'y intéressèrent, et en 1888, le P. Colin s'embarquait pour Madagascar avec une collection d'instruments météorologiques, astronomiques et magnétiques.

Ce fut le site d'Ambohidempona qui fut choisi à deux kilomètres et demi de la capitale. Les premiers travaux de la fondation furent commencés en 1889, sous la direction de P. Colin.

« L'Observatoire, bâti d'après les plans de M. Lequeux, architecte de Paris, se compose d'un octogone central de huit mètres de diamètre; à la corniche supérieure du premier étage, la muraille, d'octogonale devient circulaire; au-dessus s'élève la grande coupole, surmontée d'une boule d'un mètre de diamètre, qui sert de point geodésique et de signal pour l'heure. Sur trois côtés de l'octogone sont adossés des pavillons flanqués de tours. Vu de l'est, l'édifice a la forme d'un T dont la branche supérieure, orientée de nord à sud par un relèvement astronomique, forme la façade tournée vers là capitale. »

Voilà pour l'aspect extérieur de l'Observatoire.

Pour l'intérieur, il fut meublé d'abord de tous les instruments apportés par le P. Colin, et, peu après, d'une belle lunette équatoriale que le zélé directeur obtint de l'Observatoire de Paris.

C'est là que, grâce à un patient labeur, le P. Roblet et le P. Colin ont pu faire cette série d'observations et de travaux qui ont mérité l'attention de la France et de l'Europe.

C'est là que, sar le monument incendié en haine de la

France, les Hovas ont établi la batterie qui devait canonner nos troupes lors de leur dernière marche sur Tananarive.

C'est là enfin que nos officiers, s'emparant des pièces abandonnées par les Hovas, ont, avec des canons hovas chargés de boulets hovas, tiré les premiers coups qui amenèrent si vite la reddition de la capitale.

On reconstruira l'Observatoire, sans doute, mais on choisira probablement une autre localité.

Le site serait déjà réclamé par nos officiers du génie pour un fort qui tiendrait Tananarive en respect, le cas échéant, et qui commanderait les trois principales routes d'accès vers la capitale.

TABLE DES MATIÈRES

AVANT-PROPOS IX

CHAPITRE PREMIER 15

Structure géographique de Madagascar. — Les trois zones. — Aspect général du pays. — Son étendue. — Le rêve de Colbert réalisé. — Le vieux sceau royal de la France orientale.

CHAPITRE II 23

La population de Madagascar. — Les Hovas, leur origine probable, leur établissement dans l'Imérina. — Les autres peuplades de l'île, leurs principaux caractères. — Le chiffre total des indigènes. — Industries et ressources de Madagascar. — Un trait du régime Hova. — Richesses minières de l'île.

CHAPITRE III 39

Importance stratégique et politique de Madagascar. — Les petites îles. — Le Hova; ses traditions religieuses. — Le *Faudroana*. — La Circoncision. — Curieuses coutumes. — Les mœurs. — Les esclaves. — L'influence diabolique à Madagascar. — Les *Ramanenjana*.

CHAPITRE IV 56

La découverte de Madagascar. — Premiers essais de colonisation des Portugais, des Anglais et des Hollandais. — Richelieu et le capitaine Rigault. — La Société de l'Orient. — Pronis à Fort-Dauphin; sa conduite et sa disgrâce. — Étienne de Flacourt. — Les premiers missionnaires Lazaristes. — Colbert et Madagascar. — La Compagnie des Indes. — Retour de la colonie à la Couronne. — La Haye à Fort-Dauphin. — Le massacre.

CHAPITRE V 68

Au XIXe siècle. — Singulière interprétation du traité de 1814 par sir Robert Farquhar, gouverneur anglais de Maurice. — Fermes réclamations du gouvernement de Bourbon. — Les agissements de Farquhar sur la grande île. — Les intrigues de ses agents à Tananarive. — Il obtient des traités. — Radama Ier.

CHAPITRE VI 73

La monarchie hova. — Radama Ier et sa politique anti-française. — Ranavalona Ire. — Règne de la barbarie hova. — Mort cruelle de M. de Solages, missionnaire français. — Expulsion des Méthodistes et des Européens. — Réclamations des Européens. — Bombardements sur la côte Est. — Français et Anglais devant Tamatave. — Reprise des négociations par les Anglais. — Réouverture des ports hovas. — Deux Français à Madagascar : MM. de Lastelle et Laborde. — Promesses de l'avenir.

CHAPITRE VII. 84

M. Dalmond et les Jésuites à Madagascar. — A Saint-Augustin. — Dans les petites îles. — La Compagnie de Jésus chargée de la mission de Madagascar. — Premiers plans déjoués. — Descente du Père Jouen chez les Sakalaves. — Mission de Baly. — Le prince Rakoto et les missionnaires. — Entreprise de M. Lambert. — MM. Laborde et de Lastelle. — Le Père Finaz à Tananarive. — Ranavalona et son fils. — Première messe à Tananarive. — Mort de Ranavalona. — Avènement de Rakoto. — Sa mort.

CHAPITRE VIII 102

La succession de Radama II. — Refus de reconnaître le traité français. — Patience de Napoléon III. — L'*ultimatum* du commandant Dupré. — Ambassade hova à Londres et à Paris. — Le premier ministre Rainivoninahitriony renversé et remplacé par son frère Rainilaiarivony. — Première tactique. — Nouveau traité français. — Mort de Rasoherina. — Ranavalona II. — Succès de la mission catholique malgré les persécutions.

CHAPITRE IX 116

Rainilaiarivony et les 20,000 francs du commandant Lagougine. — Le P. Cazet successeur du P. Jouen à Madagascar. — Développement de la mission. — Persécution des œuvres catholiques et françaises. — Les Méthodistes poussent les Hovas vers la côte ouest. — Le commandant Le Timbre à la baie de Passandava. — Ambassade hova à Paris, en Europe et en Amérique. — L'amiral Pierre. — L'affaire du pasteur Shaw. — Mort de Ranavalona II. — Ranavalona III. — L'amiral Galiber. — L'amiral Miot. — Le nouveau traité de paix. — Impressions en France.

CHAPITRE X 134

Le premier Résident général à Tananarive, M. Le Myre de Vilers. — Premières difficultés de la Résidence avec les Hovas. — La question de l'*exequatur*. — Le protectorat reconnu par l'Angleterre. — Fureur de Rainilaiarivony contre les Anglais. — Bons conseils méthodistes. — M. Le Myre de Vilers remplacé par M. Bompard. — M. Larrouy. — Nouvelle rupture. — Retour de M. Le Myre de Vilers comme envoyé spécial. — Nouvel *ultimatum*. — Départ des Français.

CHAPITRE XI 149

Nouvel exode des Français de Tananarive. — Le périlleux et heureux voyage de l'escorte. — Embûches des Hovas. — La leçon du Tsimandoa. — Arrivée à Majunga. — La colonne de l'Est. — M. Le Myre de Vilers à Tamatave. — Débarquement de Shervington. — La rupture annoncée à la France. — La demande de crédits. — Exposé de M. Hanotaux. — La direction de l'expédition confiée au Ministère de la guerre.

CHAPITRE XII 161

Le choix du chef de l'expédition. — Le général Duchesne. — Ses principaux collaborateurs. — La composition du corps expéditionnaire. — M. Le Myre de Vilers à Tamatave. — Assassinat de M. de Sornay. — Premières hostilités. — La légèreté des guerriers hovas. — Prise de Tamatave par le commandant Bienaimé. — Départ de M. le Myre de Vilers et de M. Ranchot pour la France.

CHAPITRE XIII 174

A Diégo-Suarez. — Audace des hovas. — Combat d'Antanamitarana. — Les volontaires de la Réunion. — Prise d'Ambohimarina. — La chanson des bœufs de Tamatave. — A Fort-Dauphin. — Enlèvement de la garnison de Nossi-Bé. — L'occupation de Majunga. — Coup de main de Marohago. — Arrivée du général Metzinger. — Première expédition sur Méhabo Miadana et Maévarano. — Proclamation du général. — Retour à Majunga. — Fanfaronnade d'un général hova. — Prise de Marovoay. — Le commandant Bienaimé y arbore le drapeau français.

CHAPITRE XIV 199

Arrivée du général Duchesne à Madagascar. — La fièvre. — Mort du P. Berbizier. — Mort du colonel Gillon. — Androiro. — Prise de Mévatanana. — A Suberbieville. — Combat de Tsarasaotra. — Marche sur Andriba. — La colonne volante. — En route vers Tananarive. — Une marche épique. — Prise de Tananarive. — Le traité de paix. — La rentrée du général Duchesne. — Le nouveau Résident général.

APPENDICE 223

— Lille. Typ. A. Taffin-Lefort. 6. —

LILLE. TYPOGRAPHIE A. TAFFIN-LEFORT.

www.ingramcontent.com/pod-product-compliance
Ingram Content Group UK Ltd.
Pitfield, Milton Keynes, MK11 3LW, UK
UKHW012208240726
13966UKWH00002B/644